肉牛饲养屠宰 HACCP 质量控制规范

沙玉圣　辛盛鹏　主编译

中 国 农 业 大 学 出 版 社

编译委员会

前　言

20世纪90年代以来，世界范围内的畜产品管理更加注重了产品的质量安全。发达国家为加强食品安全管理，适应市场和消费者的需求，研究并采用了大量的先进管理技术，还制定了相应的法规和标准。HACCP作为一种科学的管理体系，最初由美国人发明，现已为很多国家接受和采纳，在畜牧业生产领域也得到了广泛的应用。

本书旨在翻译和介绍美国、加拿大等发达国家如何将HACCP管理体系应用于肉牛的饲养管理和屠宰加工过程中。内容包括HACCP工作程序的详细说明、肉牛养殖屠宰操作条款的具体描述、完备的生产记录表格范例和大量的资料性附录。全书共分五章：HACCP计划准备指南、HACCP实施与审核指南、母牛-犊牛饲养者的良好生产规范、育肥牛场的良好生产规范和肉牛屠宰场HACCP通用模式。

希望本书能够为畜牧兽医行业的管理者、研究者和畜产品生产经营者提供参考，以期达到了解和应用HACCP管理体系、提高我国畜产品质量安全水平的目的。

由于时间仓促、水平有限，不足之处在所难免，敬请读者批评指正。

编　者

2006年10月

目　录

引　言

HACCP(危害分析与关键控制点)体系是一种管理体系,强调防止问题的发生,以确保生产消费安全的食品。HACCP 体系依据将技术和科学原理应用于从田间到餐桌的食品生产过程。HACCP 原理适用于食品生产的所有阶段,包括基础农业、食品制备与处理、食品加工;食品服务;配送体系以及消费者处理和使用。

HACCP 所隐含的最基本的思想是预防而不是检查。一位食品生产者、加工者、处理者、配送者或是消费者应该对食品生产及使用的相关过程有充分的了解,这样才会发现何处、如何会出现食品安全问题。如果知道了“何处”和“如何”,预防就变得简单而明显,对成品的检查和检测也就变得不重要了。HACCP 计划负责控制影响组成成分、产品和生产过程的因素,目标是产品安全消费,并能对此加以证明。何处和如何会出现问题是 HACCP 危害分析(HA)的部分,对生产过程和条件的控制问题是关键控制点(CCP)部分。从这些基本的概念可以得知,HACCP 只不过是将适当的科学和技术有条理、有系统地应用于计划、控制和记录食品的安全生产中。

依据定义,HACCP 的概念涵盖了所有类型的潜在的食品安全危害——生物的、化学的和物理的——不管它们是由环境引起而自然存在于食品中,或是由制作过程的失误产生的。然而,许多消费者发现,从公众健康的观点考虑,微生物危害是最严重的。基于这个原因,HACCP 在论述二种类型危害的同时,主要强调微生物危害。

加拿大的牛肉被誉为世界最好的牛肉产品之一。该声誉反映出农场主以负责任的态度生产安全、优质的牛肉。过去,仅仅声望和口头承诺足以赢得国内外消费者的信任。然而今天消费者要求生产者提出书面证明,证明其生产的食品符合定义明确、且得到国际认可的标准,如 HACCP。食品安全已经成为养牛业需要优先考虑的事情,因为农场主们有责任确保他们所生产的牛肉不是微生物、化学及物理污染源。事实已经表明,食品安全问题所造成的恐慌(例如:疯牛病在英国的暴发、日本大肠杆菌 O_{157} 集体食物中毒事件以及美国哈得逊李斯特菌食品中毒事件)已经给人们的信任和牛肉市场带来了很大的负面影响;因此,一个好的畜牧场和育肥场必须确保生产出安全、高品质的畜产品。

加拿大牛场主——质量控制源头(QSH)的建立是加拿大畜牧场主协会(CCA)

主持的一项国家计划，并且从省及全国的生产者集团、政府工作人员、肉品加工人员、兽医师、制药行业以及营销联合会中选取代表组成 QSH 委员会。1994 年以来，这个组织一直致力于发展一个以食品安全和质量为核心的由生产者驱动的农场质量保证项目，该项目以 HACCP 原则为基础。

以质量保证为根本的 HACCP 项目是一个防预性计划，旨在减少牛肉的生物、化学和物理危害。微生物危害包括导致食品传播性疾病的病原微生物，如细菌(大肠杆菌 O_{157}、沙门氏菌)和寄生虫(牛囊尾蚴、隐孢子原虫)。物理危害包括断针头以及使用大号铅弹造成的损伤。化学危害指药物残留以及寄生虫和除草剂的污染，它们被食用后会导致人体患病。

基于 HACCP 管理体系的牛肉质量保障计划是一个相对简单易行的管理体系，它通过确定问题的出现环节，贯彻执行一系列防止问题发生的方法措施，并且对这些措施的实际作用效果进行监测和审核。根据 HACCP 管理体系的原则，文献记录是质量保障计划中最重要的组成部分，它保障了消费者、政府部门以及公众可以"有章可循"。

HACCP 管理体系包括 7 个原则：

● 确定降低牛肉安全性的潜在生物学、化学以及物理危害。

● 确定在生产过程中可以预防或消除危害的各个环节，即确定关键管理程序(CMP)。

● 建立相应的关键极限控制标准以确保每一个已经确定的 CMP 都处于受控状态。

● 为了监督每个 CMP 的实施，建立定期观察或检测的制度。

● 如果检测发现问题，应建立修正措施。

● 确认所有 CMP 运行正常。

● 建立反映 HACCP 计划的有效记录体系。

过去 QSH 为畜牧场主提供了大量资料信息，例如 QSH 为育肥场和母牛-犊牛繁育场提供了良好生产规范(GPP)的临时条款、育肥牛健康推荐操作规程和饲料质量控制的生产规范。这本书中第五章的附件部分是对以前母牛-犊牛繁育场 GPP 临时条款的更新与修订，并且对食品安全、HACCP 管理体系和牛肉品质等问题进行了讨论。1995 年建立 HACCP 模型(可从 CCA 获得)，并且被作为调控 CMP 的基本框架，它在现有知识的基础上保证了牛肉的安全性。与食品安全相关的 CMP 被高度重视并贯穿于整篇文章之中，它们被认为是 GPP 的基础，对控制牛肉制品安全性非常重要。

本书的第一、二章介绍了HACCP的基本原理、技术步骤及应用范例；第三章详细阐述了 HACCP 管理体系在肉牛屠宰中的具体应用；第四、五章是一个良好生产规范的分类清单，它对 GPP 所有的现行条款进行了概括。执行 GPP 会减少牛肉制品的微生物、化学以及物理污染，同时还可以提高牛肉的品质和生产效率。良好生产规范是 HACCP 计划中首要规程的一部分。第二节列举了几种记录表格的范例，对实施基本生产规范应该记录信息的基本类型进行了描述。此记录表格只是简单举例。大多数畜牧场主可能已经采用，例如产犊登记、牛群健康与营养程序的计算机档案等体系，对上述信息进行了记录。

以 HACCP 管理体系为基础，根据屠宰场、畜牧场实际生产结构和目标，对详细明确的质量保障和改进计划进行逐步的完善是每一个生产者的职责。本手册仅仅是基本操作规范和流程的一个简单概括，它确保了消费者、政府部门以及公众在保障牛肉安全和品质的问题上做好自己应尽的职责。我们希望生产者们把这些简单的资料与新的技术相结合，设计出比保障牛肉安全与品质所需要的基本操作规范和程序更加完善的生产制度，并且加以实施。

执行 HACCP 的益处：

- 提高消费者对我们的产品品质、安全性以及稳定性的信任度。
- 逐步使消费者对牛肉的满意度提高到 100%的最终目标。
- 增加国内外牛肉制品的市场份额。
- 在产品保持长期高品质、安全的声誉基础上建立买卖双方良好的关系。
- 提高经济利润。
- 鼓励发展以信息为导向的市场。
- 减少系统内的浪费和效率低下，包括品质缺陷。
- 保证在对动物进行管理时兼顾动物的福利。
- 提高雇员的工作积极性和劳动效率。
- 降低承担法律责任的风险性。
- 防止政府部门对畜牧场生产工作进行干涉和管理。

一些母牛/犊牛繁育场和育肥场的畜牧场主知道什么因素可以带来价值，售出产品的何种质量会符合甚至超出消费者的期望值，所以他们在激烈的市场竞争中将得以生存，并且占据优势地位，养殖、生产、加工等环节的生产者之间的信任度和质量监督机制与日俱增。当我们国家所有相关的部门相互合作、彼此交流时，我们将共同承担生产高品质产品的责任，同时也能够共同分享其带来的丰厚利润。

第一章　HACCP 计划准备指南

1996 年 7 月 25 日，美国农业部食品安全检验局（FSIS）颁布了关于减少病原体（Pathogen Reduction，PR）；危害分析与关键控制点（Hazard Analysis and Critical Control Point，HACCP）体系（PR/HACCP）的规定。PR/HACCP 规定要求受联邦检验的肉禽加工企业，尤其要对减少肉禽产品由病原菌引起的污染负起责任。减少病原菌的污染是减少与肉禽产品有关的疾病和死亡数目的关键因素。该规定序言部分，对整个食品生产加工过程中可能发生食品安全危害的每个阶段，都要制定预防和纠正措施进行了描述。

加工企业必须符合 9CFR 第 417 部分（附件 1-11）提出的 HACCP 要求。HACCP 是一个过程控制的科学体系，在食品生产中已被长期采用，旨在通过食品生产过程中可能产生危害的关键点控制来预防问题的发生。一个加工企业必须有一个符合规定要求和能预防劣质产品的有效的 HACCP 体系。

HACCP 体系的生效日期，视加工企业的规模而异，具体规定如下：

- 大型加工企业——有员工 500 名以上（含 500 名）的加工企业，HACCP 体系于 1998 年 1 月 26 日生效；
- 小型加工企业——有员工 10～500 名的加工企业，HACCP 体系于 1999 年 1 月 25 日生效；
- 特小型加工企业——该类加工企业员工不足 10 名，或年产值低于 250 万美元，HACCP 体系于 2000 年 1 月 25 日生效。

注：设计这本指南和食品安全检验局的其他的技术辅助材料，目的是帮助企业按照 9CFR 第 417 部分的法定要求，制定与其一致的 HACCP 计划。附件 1-11 中重述了第 417 部分的内容，这些法定要求与国家食品微生物标准咨询委员会（National Advisory Committee on Microbiological Criterial for Food，NACMCF）制定的 HACCP 的各种解释稍有不同，其最新版本于 1997 年出版发行。附件 1-13 中对二者的差异进行了比较。

一、制定 HACCP 计划

FSIS 推出这个“HACCP 计划准备指南”，目的是帮助加工企业开发和建立 HACCP 体系。FSIS 的其他出版物可能也是有帮助的。本指南是 FSIS 最基础的材料;关于制定 HACCP 计划的录像带内容也包含本指南的信息,可以从 FSIS 的检验体系发展处索取该录像带,详细地址是:Room 202, Cotton Annex Building, 300 12th street, S. W., Washington, DC, 20250, (202) 720-3219。FSIS 也开发了 13 种基本模式,加工企业可采用这些模式,了解他们的专项计划是否达到目标,或帮助他们开始实施计划。基本模式比本指南较为专一,每个基本模式至少有一种完整的开发产品的例子,可供企业的 HACCP 工作组学习。但是,即使基本模式包含有较详细的信息,也不是照搬过来就能使用的。一个公司仍需制定其 HACCP 计划,以适合该公司自己生产过程的特殊环境条件。

二、政策公告

为了澄清与第一批实施企业连带的有关问题,FSIS 在《联邦注册(Federal Register)》刊物发布了一系列政策公告。附件 1-12 中包括了一系列公告,该公告涉及的问题包括:

- 受可见粪便污染的畜禽胴体(1997 年 11 月 28 日);
- HACCP 计划内容;关键控制点(1998 年 1 月 30 日);
- HACCP 计划内容(1998 年 1 月 30 日);
- 产品生产记录的企业审核(1998 年 3 月 6 日);
- HACCP 计划要求和肉禽类产品加工分类;政策阐明(1998 年 4 月 1 日);
- 单核细胞增生李斯特氏菌对熟食品的污染(1999 年 3 月 26 日)。

三、基本步骤

FSIS 和多数 HACCP 专家相信,一个公司如果在打算利用 7 个原理制定一份 HACCP 计划之前,采取一些基本步骤,就可能将 HACCP 计划开发工作做得更好。FSIS 相信一个公司应采取以下步骤开始他们的工作。

1. 组建 HACCP 工作组,其中包括一名经 HACCP 培训的人员

组建 HACCP 工作组似乎是一项艰巨任务,特别是对一个特小型或是家族式企业更是如此。但是,FSIS 积极鼓励企业要有两人以上的人员从事 HACCP 体系的开发工作。HACCP 体系开发工作要由两人以上承担,才能将其做得更好,即使是特小型企业也是如此。HACCP 是全过程控制体系,我们相信,建立一个良好的控制体系,需要大量的不同学科的知识和经验。如果企业仅有几个人,那么这几名人员可能都需要加入 HACCP 工作组,他们几个人在企业运作中可能发挥多种作用和承担着多种责任。

应该考虑 HACCP 工作组也可吸收本企业之外的人员作为工作组成员。也可

从贸易协会或从地方学院、大学或推广办公室得到帮助，这些单位中有些人参与HACCP 体系的开发，他们了解 HACCP 过程控制体系。有些企业可能有兴趣并愿意提供帮助，这些企业包括：向你的企业供应产品或从你的企业得到产品的企业，而且这些企业已经实施 HACCP 计划。FSIS 为各种类型加工企业组织技术研讨会，这些加工企业能有一次或多次机会聚集在一个中心地方，并且开始体系开发过程。

必须要有一名按照第 417.7 部分要求，经 HACCP 培训的人员。第 417.7 部分的要求包括，这名人员已经成功地完成一门培训课程，该课程是将 HACCP 的 7 个原理应用到肉或禽产品加工过程中；该课程的一部分要包括一种专项产品的 HACCP 计划开发和一部分记录审核的培训。这位经 HACCP 培训的人员不一定是本企业员工，但他（她）对 HACCP 开发计划和某些其他工作，如重新评估 HACCP 计划能发挥作用。

2. 描述食品及其生产和销售方法，确定产品的食用方法和消费对象

下一个基本步骤是 HACCP 工作组描述产品及其产品生产和销售方法。如果工作组成员中有人了解你的企业是如何运转的，这些成员就能容易地做好这项工作。对于他们来说，需要牢记的重要事情是，他们需要将加工过程的每一步骤包括在内。为了帮助你确保包括所有的重要信息，我们已准备了一份表格，可以采用这种表格来完成这项任务。附件 1-1 就是这种表格。像本指南中所有表格一样，该表格的使用是非强制性的。

不管是否使用这种表格，当描述产品时，需要回答下列问题：

(1)产品的通用名称是什么？

(2)如何使用这种产品？

(3)产品采用的包装类型是什么？

(4)产品的保质期是多长？在什么温度下？

(5)产品在什么地方销售？谁将是产品的消费者？谁将是产品的使用者？

(6)需要什么样的标签说明？

(7)流通过程中是否需要采用专门的控制措施？

当工作组用文字对产品进行描述之后，他们就可转移到下一个基本步骤。

3. 绘制和核查加工流程图

流程图就是企业生产加工过程的简单图解。不需要任何昂贵的设备，诸如计算机，来绘制流程图，但是，对企业生产加工过程确实需要有一个准确和清楚的草图。附件 1-2 是一个相对简单加工过程的简单的流程图的例子；附件 1-3 是对一个较为复杂的加工过程所绘制的一个复杂的流程图。只要用图能准确地表示出加

工企业实际发生的情况，两种流程图都是合适的。

确保流程图准确性的最好方法是，请 HACCP 工作组通过步行沿企业进行核查，确保企业的流程图包括了产品加工过程中所有的加工步骤。核查流程图是一个步骤，工作组要保证认真做好这项工作。步行核查也是一种普通的方法，审核员或检验员用来证实一个特殊流程图是否正确和完整。

当确定已绘制了一个准确的流程图，而且已经 HACCP 工作组证实该流程图确实是准确的，此时就可以转向最后一个基本步骤。

4. 根据第 417.2(b)(1)部分加工类型确定产品是否归类

就这一步骤，本规定列出了 9 种加工类型，根据加工类型将肉和禽生产分为以下 9 组：

(1)屠宰——所有种类；

(2)未经加工的产品——肉末状；

(3)未经加工的产品——非肉末状；

(4)经热处理——商业无菌产品；

(5)未经热处理——耐储藏产品；

(6)经热处理——耐储藏产品；

(7)煮熟——不耐储藏产品；

(8)经热处理但未煮熟——不耐储藏产品；

(9)含有次生抑制剂的产品——不耐储藏产品。

日常文书工作是 HACCP 体系开发工作的一部分，减少该部分工作的一种方法是，利用简单 HACCP 计划控制所有同类加工方法加工的产品。这对于生产不同产品的特小型企业特别有利。如果那些产品仅某些特征是有差别，而这些特征不影响产品的安全性，如装乳化剂的肠衣的直径或使用的调味品的多少(辣的与适中的)。很清楚，它们是属同一个加工类型，可以纳入同一个 HACCP 计划中。

FSIS 已为上述列出的 9 种加工类型，并为两种较为特殊的加工类型开发出 11 种基本的 HACCP 模式，这两种较为特殊的加工类型是机械分割或机械脱骨禽类和辐射产品(包括所有经批准的辐射程序)。

当完成了为 HACCP 体系开发准备的一些基本步骤时，工作组就应该利用 HACCP 的 7 个基本原理，来制定 HACCP 计划。以下是本指南的 7 个原理，它们将带你进入这个过程。

四、原理Ⅰ：危害分析

HACCP 的第 1 个原理是进行危害分析。第 417 部分包含这些定义以及特定的规定条款。这些规定对 HACCP 工作组应如何开始危害分析有帮助。开始之前,工作组应该重新阅读食品安全危害和预防措施的规定,并要特别关注第 417.2(a)部分的要求。

进行危害分析一般考虑两个过程,第一步是确定对人类健康的威胁,这类危害可能是在肉禽产品生产过程中造成的。这些危害通常被分为三类:即生物的(包括微生物)、化学的和物理的。

生物危害

生物危害就是由活的有机体造成食品摄入的不安全。生物危害可能来自细菌、寄生虫或病毒。生物危害常常与生产肉和禽产品的原材料有关。这些原材料包括畜和禽类,它们是肉禽产品的基本成分。但是生物危害有可能是来自于肉禽产品加工过程中:如来自于参与加工过程的工作人员;食品加工环境;加工产品使用的其他配料;或加工过程本身。

确定生产加工过程可能存在的生物危害的确是一项艰巨而重要的任务——该工作要求 HACCP 工作组发挥其所有的专长。目前,非常强调与肉禽产品有关的微生物危害。可能与肉禽产品有关的一些主要病原菌有沙门氏菌(*Salmonella*)、空肠弯曲菌(*Campylobacter jejuni*)、大肠埃希氏菌 $O_{157}:H_7$(*Escherichia coli* $O_{157}:H_7$)、单核细胞增生李斯特氏菌(*Listeria monocytogenes*)、肉毒梭菌(*Clostridium botulinum*)、金黄色葡萄球菌(*StapHylococcus aureus*)和小肠结肠类耶尔森氏菌(*Yersinia enterocolitica*)。

化学危害

化学危害可能是食品本身自然产生的一些物质或在食品加工过程中添加其他物质产生的结果。急性和慢性食源性疾病都与有害的化学物质有关。

自然产生的化学危害是食品本身天然成分,而不是环境、工业或其他污染的结果。这些天然的有害化学物质包括黄曲霉毒素(aflatoxins)和贝类毒素。

添加的化学危害是在生长、收获、储藏、加工、包装或产品流通过程中,有意或无意地添加到食品中的一些物质所造成的化学危害。这种类型的化学危害包括的范围很广,可能包括动物饲料成分或饮用水、兽药、杀虫剂、食品配料本身,或加工企业使用的化学物质如润滑剂、清洁剂、漆和涂料。

物理危害

物理危害就是食品中含有一种意想不到的物理成分,当消费者食用含这种成分的食品后就会生病或受伤害。一些外来物质如玻璃、金属或塑料是人们熟悉的在肉和禽产品中发生的物理危害的物质,当加工食品时,由于加工过程或加工设备未得到合理控制,就容易产生物理危害。

很多因素能对食品产生物理危害，它们包括：

——受污染的原材料；

——加工设施和设备设计质量差或维护质量差；

——受污染的包装材料；

关键岗位的工作人员疏忽大意。

确定与生产过程有关的危害，其第一步被认为“头脑风暴”会议。HACCP 工作组应利用在基本步骤中创建的流程图和产品描述，并系统地考虑加工过程每个步骤中可能出现的情况。附件 1-4 是有关问题的核查表(checklist)（引自于食品法规），这个核查表可以帮助工作组尽可能全面考虑可能与加工过程有关的危害。

进行危害分析的第二步是确认用于控制各种危害的预防措施。预防措施是用于控制食品安全危害的物理、化学或其他措施。附件 1-5 是一张表格，可以利用这张表格全面检查整个加工系统。确定出加工过程中每个步骤可能发生的危害，以及可用于防止、消除或使危害降低到可接受的水平的预防措施。控制食品安全危害需要不止一种以上的预防措施，而一种特殊的预防措施也可以控制不止一种以上的食品安全危害。附件 1-6 是已经完成的对一种简单的原材料加工过程的危害分析。

当进行危害分析时，一定要记住与工作组形成的决议相关的支持性文件是很重要的，这也是规章要求[第 417.5(a)(1)]。如果临界值是基于某个规定、某篇科学论文、厂外研究或厂内研究，则支持性文件可能含有规章的引用，也可利用与加工过程有关的历史资料。这种资料应被概括为工作组决策支持性文件的一部分。当对一种危害是否有可能发生做出决定时，列出实际危害或与之相关的生物将是很有益的。例如，来自于设备的金属污染、沙门氏菌或一种特定的残留物，这种残留物已经在同样的产品中发生。当进行年度重新评估、一种偏差或一种不可预见的危害发生时，将发现这种信息是很有用的。

做好危害分析是一项十分重要的工作。通常是一个艰巨和耗时的过程，而且要求你投入所能得到的各种科学技术资源。我们知道，做好这项工作所花费的时间是值得的。如果没有细心和全面地进行危害分析，不可能期望建立一个良好的 HACCP 体系。

五、原理Ⅱ：确定关键控制点

HACCP 的第 2 个原理是在加工过程中确定关键控制点(CCPs)。一个 CCP 就是食品加工过程中的一个点、步骤或程序，在关键控制点采取控制措施，这样就能预防、消除食品的安全危害，或使危害降低到可接受的水平。

到目前为止，在制定 HACCP 计划中，HACCP 工作组已在原材料和所使用的配料以及加工过程的不同步骤中确定出生物、化学和物理危害。对每种可能发生的食品安全危害，已确定出一种预防措施。下一步，应该找到加工过程中应采取这些预防措施的一个或多个关键控制点。

幸运的是，大量的工作在确定 CCPs 时已经完成。在不同的食品加工和生产过程中，存在许多共同的 CCPs。所熟悉的一些共同的 CCPs 可能包括：

——降温冷却以抑制微生物的生长；

——在特定的温度和时间里进行蒸煮灭菌；

——产品配方：如添加营养、调节 pH 值，或加活性水；

——加工程序如装罐和封罐；

——屠宰程序如去除内脏或抗菌剂（antimicrobal）干扰。

上述仅是几个用于 CCPs 的控制措施，还有许多的预防性措施，当制备同种食品选用不同的设备时，其加工过程中 CCPs 的类型和数量可能是不同的，这是可以预计的。

FSIS 的一般模式以及其他一般模式给出一些概念，使你对各种加工类型中确定的 CCPs 作用有所认识。HACCP 工作组需记住这只是一些概念，用于帮助工作组认真地并创造性地考虑该加工企业的加工过程，以及打算如何控制该企业 HACCP 体系中的 CCPs。

注：CCPs 的确定，在第 417 部分规章要求和 NACMCF 指南材料（附件 1-13）之间有些差异。后者包括利用决策树确定关键的危害；对你来说只要符合规章要求，并不必采用决策树的方法。这种思维方式可能对工作组有帮助，但是，最为重要的是企业的 HACCP 体系要符合规章要求。

六、原理Ⅲ：确定每个关键控制点的临界值

HACCP 的第 3 个原理是，工作组确定对每个 CCP 要采取预防措施的临界值。该步包括确定一个标准，而每个与 CCP 有关的预防措施都应符合这个标准。第 417 部分规定一个临界值即：最大值或最小值。为了预防、消除或将确定的食品安全危害发生的可能性降低到可接受的水平，必须控制每个关键控制点的物理、生物或化学危害的临界值。

临界值是对 CCPs 采取预防措施的安全界限。一个临界值通常是一个读数或观察值，诸如温度、时间、一种产品的性质如水的活性，或一种化学物质如可用氯的含量、食盐浓度或 pH 值，临界值需要准确而且是特定的；HACCP 计划不应将区间值作为临界值。

对于已确定的 CCPs 的许多临界值或者是通过规章规定或通过科技文献已经确定,它们都是以生产过程为基础。HACCP 工作组可能熟悉这些已确定的临界值,如产品蒸煮的内部最低温度要求;蒸煮达到最低温度要求后的持续时间;产品中可能含有的最大金属碎片。要想保持产品的安全性,就不可超越这些临界值。

当决定临界值时,有多种方法可以考虑。首先是适用于加工过程的规章要求,规定的临界值必须要符合这些要求,例如,如果要生产熟牛肉产品,加工产品的临界值必须符合 FSIS 目前对该类产品规定的要求。涉及临界值的另外一些因素,如时间和温度,在生产产品的过程中,确定的温度和时间。这些也许是以研究或食品加工教科书的科技信息为基础,或以世代相传的家庭食谱为基础,已充分显示可成功生产安全食品。临界值可以来自专门的研究,或来自公认的专家,但是任何情况下,都需要在 CCPs 对准备采用的每种预防措施确定临界值。

临界值有两种,即临界值可能是一种上限,此时数量或水平不可能超过该限度。临界值也可能是一个下限,该值是达到安全效果要求的最低限度。为了强调肉末中来自肉末加工设备金属碎片的危害,预防措施的临界值上限可能为零。为了控制病原菌的生长,加工肉末的室温为 50℉是另一种临界上限。规定临界下限的一个例子是必须加入酸化剂的量最小,以抑制细菌的生长。

七、原理Ⅳ:确定监控程序

按照 HACCP 第 4 个原理,工作组需确定监控程序。监控程序是工作人员或机械方法对给定的 CCP 进行测定的过程,并作出记录备将来使用。有些监控程序由工作人员观察或检查完成,诸如,检查伴随原材料的有关文件。有些监控程序是来自仪器的记录,诸如温度记录仪。

当连续监控可行时,倾向于做连续监控。如果不可能做连续监控,此时工作组应作出决定,应建立什么样的非连续监控程序,以及该程序如何频繁地进行监控。决定非连续监控检查的次数需要考虑几个方面的问题,其中最为重要的是要有足够的次数,能够准确的反映过程是在控制之中。决定次数时,专家向应用统计学和统计过程控制的专业人员进行咨询是很重要的。

HACCP 工作组必须考虑的另一个因素是,当监控程序显示出临界值已出现的偏差时,加工企业可采取纠正措施的能力。当监控程序显示出来自临界值偏差时,纠正措施需要适用于所有潜在的不符合要求的产品。通常包括自上次成功得到监控程序产生结果时开始生产的所有产品。因此,如果监控程序是对接收的产品进行物理检查,而且工作组决定每个班次只进行一次,一个临界值的偏差可能意味着需要对该班次过程中已得到的所有产品都要采取纠正措施。

当 HACCP 工作组对监控程序及应完成的监控次数作出决定时，HACCP 工作组要考虑的另一个问题是快速及真实的反馈。通常情况下，人们宁可采用物理和化学程序，而不愿采用微生物方法进行监控，因为，物理和化学监控程序可快速进行反馈。

要想使监控程序有效，就需要制定好监控程序计划。由于失控原因，一些潜在的重要结果无法获得，监控 CCPs 工作人员在技术方面应进行培训，以监控每种预防措施或控制 CCPs。工作人员应充分了解监控的目的和重要性，准确报告监控活动和结果。他们必须熟悉受控的 CCP 和用于过程监控的设备。

执行监控任务的工作人员必须将监控过程中显示的确切值记录下来，而不是"是/否"或"OK"的观察值。这就意味着，如果临界值是 160℉，监控记录的观察值可能是 162/161/163/160。

附件 1-7 是一个简单的表格，该表格对你的工作组决定监控程序和监控频率是有帮助的。

八、原理Ⅴ：制定纠偏措施

HACCP 原理Ⅴ表明，当监控显示临界值出现偏差时，确定要采取的纠偏措施。此外，第 417.3 部分确定的纠偏措施的 4 个特征，是 FSIS 管理者将要进行核查的内容，它们是：

- 是否已经鉴别出偏差的原因和已消除偏差？
- 采取纠偏措施后，CCP 是否将在控制之下？
- 是否已确定预防偏差重现的措施？
- 纠正措施的程序是否能确保产品对健康无害，或没有因出现偏差使产生的劣质产品进入市场？

HACCP 是纠正影响食品安全性问题，保证消费者健康的预防体系。因此，对将出现的临界值偏差，需要采取纠正措施的方案，确保那些偏差不会导致产生不安全的产品。方案中的纠正措施正是要采取的方法。HACCP 工作组应明白认真执行本原则是多么重要。

对每个 CCP，工作组都需要设计一套标准的措施。当临界值出现偏差时，公司的员工将采取这套措施来纠正偏差。在制定纠偏措施时，工作组成员可能要提出如下一些问题：

- 当偏差发生时，人们是如何被告知的？如果只有一个人正在进行监控，该人员将与谁进行联系？
- 由谁负责对可能受到偏差影响的产品进行控制？监控人员将如何决定有

多少产品需加以控制?

● 谁将参与处理受偏差影响的产品?

● 如何决定引起偏差的原因?如果我们需要公司外部的技术专家,我们怎样才能请到这些专家?

● 一旦我们断定出现偏差的原因,谁将参与恢复控制过程,预防偏差重现?

● 如果当时经过 HACCP 培训的人员不在工厂,我们应怎样掌握 HACCP 的专业知识,来决定我们的计划是否需要修改?

● 对我们的计划进行任何修改,公司中谁需要签字?

● 谁负责记录对关键控制点的临界值偏差要做的一切事情?

● 如果负责纠偏行动计划的人员不在,谁将作为替补人员?

● 这一套纠正措施总是可行吗?

附件 1-8 是一个简单的表格,该表格可帮助 HACCP 工作组确保对每个 CCP 已制定了合适的纠正措施。第 417 部分包括了规章的要求,当一个不能由专门的纠正措施解决的偏差出现时或不可预见的危害发生时,必须按照规章要求办理。工作组必须学习第 417.3(b)部分的内容,以便当这种情况发生时,知道如何处理。很多情况下,采取的措施一般与企业在任何特定的 CCP 打算要采取的措施类似——使产品得到控制,查出偏差原因,如何避免再次出现偏差,决定是否修改 HACCP 计划等。工作组至少应考虑你希望如何处理这种情况。

九、原理Ⅵ:建立记录保存程序

HACCP 的第 6 个原理是建立证明 HACCP 体系有效的记录保存程序。对肉和禽产品生产企业的记录保存的规章要求见第 417.5 部分,其内容是相当多的,工作组应仔细阅读规章要求。

即使人们经常抱怨记录保存之事,但记录保存是 HACCP 体系的一个基本特征,对此,必须像任何其他组成部分一样,认真作出计划,并贯彻执行。本原理要求,对计划的开发和体系的运作都要不断地进行记录和保存。在对商业部准备的 HACCP 的一次研究中,清楚地发现,如果没有记录保存,就可能会出现较大的问题。

即使人们对保存记录有抱怨,但对于我们讨论的操作而言,这种办法是合理和适宜的。显然越复杂的运作需要越复杂的记录。要使 HACCP 体系的记录保存达到发展要求,其方法之一是检查保存的记录,了解这些记录在目前状态或稍微修改的情况下是否可用,以达到为 HACCP 体系服务之目的。最好的记录保存系统通常是最为简单的、易与现有操作融合一体的系统。

当建立记录保存系统时，应该考虑谁是记录登记的最好人选，谁应检查货物装运前的记录，还要考虑何时何地保存记录。要根据情况，考虑采用简单明了的工作方式，确保负责记录登记的工作人员准确了解应当记录什么。在特殊事件发生时，记录员在记录上签名并注明日期是极为重要的。

记录确实不需要任何特殊的格式，HACCP 计划通常是以表格式呈现。附件 1-9 是一个空白的 HACCP 计划表格的典型例子，附件 1-10 是一种在运作中的 HACCP 体系的一些典型记录的目录。

十、原理Ⅶ：确定核查程序

HACCP 的第 7 个原理是确定核查程序，以确保 HACCP 体系在有效工作。

工作组需要决定企业将执行什么样的程序，去证实 HACCP 系统在有效地工作，以及采取这种措施的次数。核查除了使用那些监督措施之外，还使用某些方法、程序或测试来了解 HACCP 系统是否与 HACCP 计划一致，或 HACCP 计划是否需要修改。核查的类型有 3 种：

(1)验证是测试和审核计划的初始阶段，在完成基本步骤和 HACCP 所做出的选择时，必须对其进行重复检验，并证明能预防或控制在“现实情况”下已确定的危害。在本阶段，可有效地利用微生物或残留检验方法证实加工过程处于控制状态，并正在生产符合要求的产品。这种检验可提供有力的证据，证明该工厂采用的控制危害的技术和方法不仅理论上是有效的，而且在特定的工厂中发挥着实际作用。

(2)连续进行核查，确保 HACCP 计划每日都在有效地发挥作用。这种类型的核查包括的任务，如校准监控设备，观察监控活动和纠偏措施，以及审核 HACCP 记录了解是否按计划要求进行记录和保存。

(3)重新评估是对计划的全面审核，这种审核至少每年都要进行，或无论何时只要发生变化，这种变化可能影响危害分析或改变 HACCP 计划，都要进行这种审核。重新评估类似于验证，重新评估考虑计划总体上是否合适，而不是集中于计划的日常运作。另外，参加重新评估的人员必须是经 HACCP 培训的，这一点也类似于验证过程。

附件 1-1

产品描述

见表 1-1。

表 1-1　产品描述

加工类别:屠宰 产品:牛肉	
1.普通名称?	牛肉;牛杂
2.该产品如何使用?	胴体;牛杂
3.包装类型?	胴体——无包装;牛杂——50 磅/小包装
4.保质期多长?	在 0℉或 0℉以下为 3～6 个月;在 40℉为 7 天
5.产品市场?	
消费者?	仅从批发到流通
潜在用途?	
6.标签说明?	冷藏
7.流通过程中需要专门控制吗?	冷藏

附件 1-2

加工肉馅流程图

见图 1-1。

加工类型:原产品,加工肉馅

产品:新鲜猪肉香肠

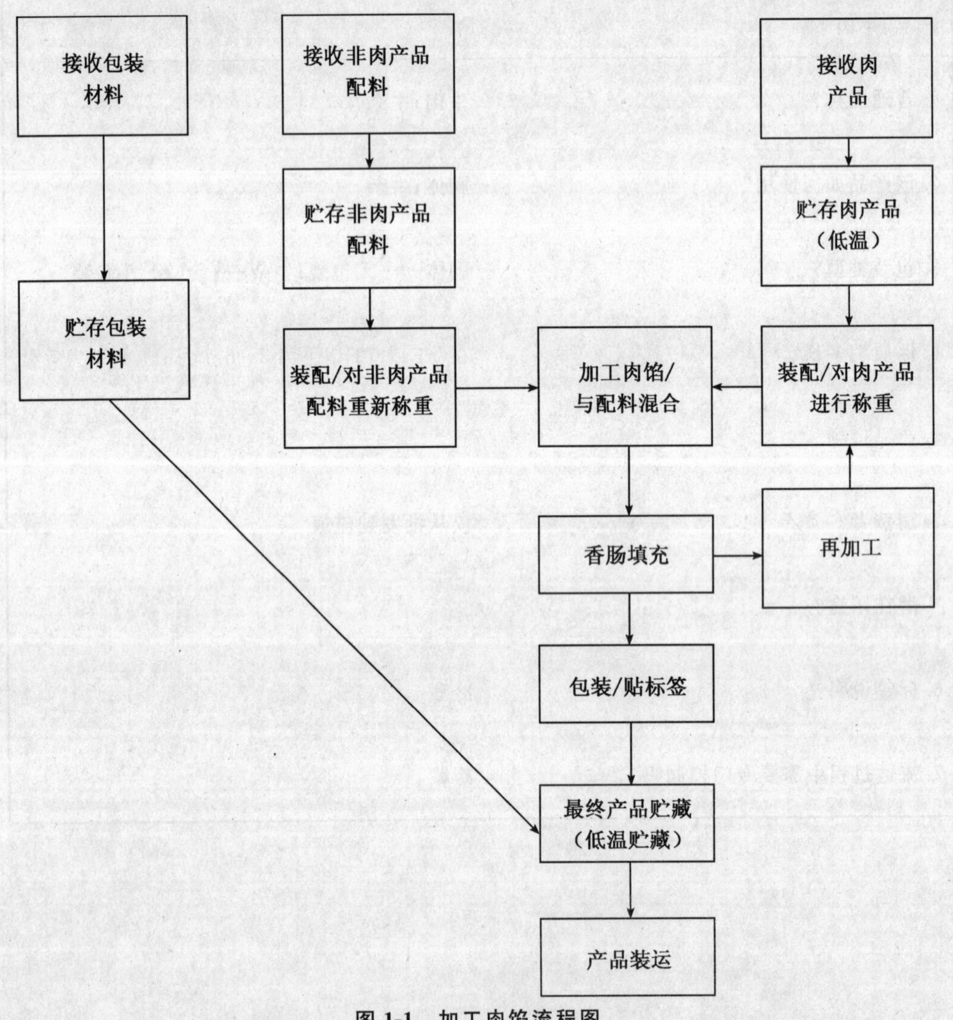

图 1-1 加工肉馅流程图

附件 1-3

屠宰加工流程图

见图 1-2。

加工分类:屠宰

产品:牛肉

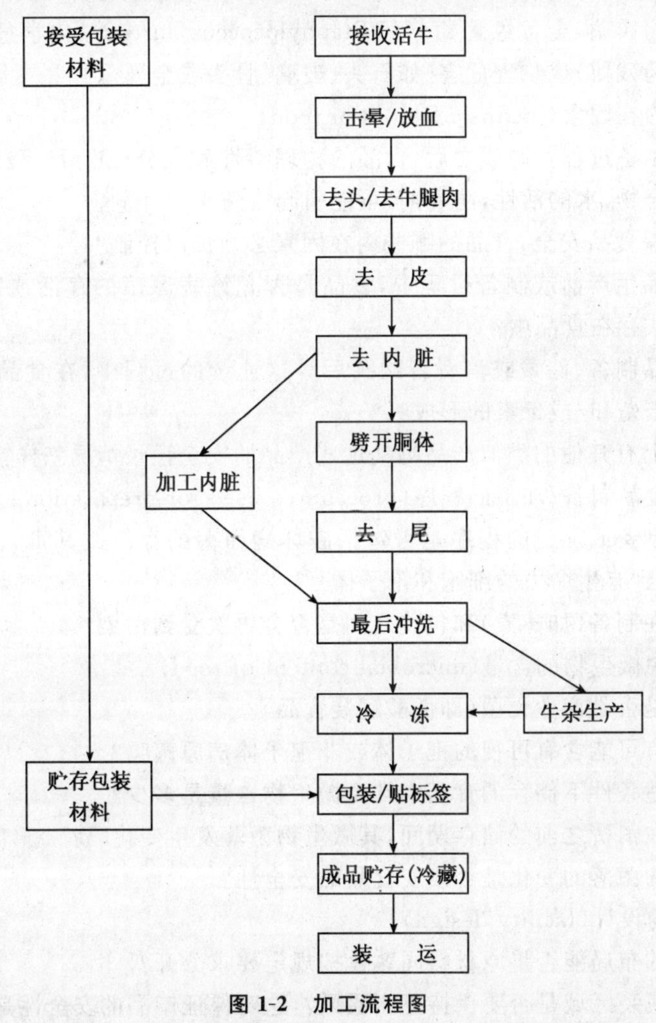

图 1-2 加工流程图

附件 1-4

问题核查单

在危害分析阶段应提出一系列的问题，这些问题与生产流程图的每一个步骤相关联。危害分析必须对一系列影响食品安全的因素提出问题。

1. 配料(ingredients)

食品中含有任何敏感配料吗？所谓敏感配料是指这些配料可能产生微生物危害(例如：沙门氏菌，金黄色葡萄球菌 Staphylococcus aureus)、化学危害(如毒素、抗生素或农药残留)或物理危害(如石头、玻璃、骨头或金属)。

2. 食品内在因素(intrinsic factors of food)

在食品制备过程及制成之后，食品的物理特性和成分(如 pH，酸的类型，可发酵的碳水化合物，水的活性，防腐剂)可能引起或防止一种危害。

- 为确保食品安全，食品的哪些内在因素必须加以控制？
- 在食品生产前或制备过程中，食品是否允许病原菌的存活或繁殖以及/或以毒素的形式存在食品中？
- 在食品制备、储藏或消费者购买后等这连续的过程中，在食品中允许病原菌的存活或繁殖和/或毒素的形成吗？
- 市场上有其他的类似产品吗？这些产品的安全记录情况怎样？

3. 用于食品制备/加工的程序(procedures used for preparation /processing)

- 食品制备或加工的程序是否包括破坏病原菌的存活或其毒素的一个控制步骤？(考虑到有生命力的细胞和孢子体)
- 产品在制备(如蒸煮)和包装之间是否会再次受到污染？

4. 食品中微生物的含量(microbial content of food)

- 食品是否是商业无菌(即低酸罐装食品)？
- 食品有可能含有可视的孢子体或非孢子体病原菌吗？
- 在合适条件下储存的食品中常见微生物含量是多少？
- 食品在消费之前的储存期间，其微生物菌落发生变化吗？
- 微生物菌落的变化是否改变食品的安全性？

5. 设施的设计(facility design)

- 设施的布局能否将原材料同熟食按规定要求分开？
- 产品包装区域是否要保持正压通风？这对保证产品的安全性是必要的吗？

● 人及搬运设备的交通方式是一种潜在的严重污染源吗?

6.设备的设计(equipment design)

● 设备将提供安全食品必要的时间/温度控制吗?

● 设备的大小是否适合制备食品的体积?

● 为使设备性能偏差在生产安全食品要求的容许误差范围内,设备能充分得到控制吗?

● 设备是可靠耐用还是易于频繁出现故障?

● 设备是否能被清洁和消毒?

● 产品是否有机会受有害物质如玻璃的污染?

● 使用什么样的产品安全装置如时间/温度兼用设备,可以增加消费者的安全性?

7.包装(packaging)

● 包装方法影响病原菌的繁殖和/或毒素的形成吗?

● 包装材料具有抗破损性吗? 是否可以防止微生物的污染?

● 如果为保证食品的安全性,要求冷藏,包装上是否清楚地标明"冷藏"字样?

● 包装上包括给消费者的食品安全处理和食品制备的有关说明吗?

● 是否使用损坏明显的包装特征?

● 为说明该包装产品的生产批次,是否对每个包装进行清晰准确的编码?

8.卫生(sanitation)

● 使用的消毒方法会影响正在制备的食品的安全性吗?

● 设施的清洁和卫生处理,能保证食品的安全处理吗?

● 是否可以提供一致的、足够的卫生条件来确保食品安全?

9.工作人员的健康、卫生和教育(employee health,hygiene and education)

● 工作人员的健康或个人卫生习惯会影响正在制备中的食品安全性吗?

● 工作人员是否了解食品的制备过程和他们需要控制的一些因素以保证安全的食品?

● 工作人员是否将可能影响食品安全的问题告诉相关的管理部门?

10.产品包装后至消费前的储存条件(conditions of storage between packaging and the consumer)

● 食品在不适宜的温度下储存可能会发生什么样的情况?

● 食品在不适宜的温度下储存,可能会受微生物的污染使其成为不安全的食品吗?

11. 食用方法(intended use)

● 消费者需要将食品加热吗?

● 剩余的食品还能食用吗?

12. 期望的消费者(intended consumer)

● 是否试图将其作为大众化食品(该消费群体不会有增加生病的危险)?

● 是否打算将食品供给易感疾病的群体(如婴儿、老年人、身体虚弱者以及免疫系统受损者)消费?

附件 1-5

危害鉴别/预防措施

见表 1-2。

表 1-2　危害鉴别/预防措施

加工分类： 产品：		
加工步骤	食品安全危害	预防措施

审　核：________________　日　期：________________

附件 1-6

危害分析——未经加工的肉产品及加工的肉馅

见表 1-3。

表 1-3 危害分析——未经加工的肉产品及加工的肉馅

加工步骤	食品安全危害	逻辑上危害是可能发生的吗?	根据	如果第三栏中对问题的回答是肯定的话,应采取什么措施去预防、消除或使危害降低到可接受的水平	关键控制点
收料——肉	生物的:病原菌——微生物(沙门氏杆菌)	是	在进料产品中可能存在沙门氏杆菌	产品供应者提供对该产品沙门氏菌已抽样检查并符合标准的证明	1B
	化学的——无				
	物理的——外来物质	否	工厂的记录证明该厂收到的材料没有受外来物质的影响		
收料——非肉产品配料	生物的——无				
	化学的——不可用于产品的生产或包装的化学物质	否	从非肉产品配料和包装材料的供应商处得到保证书		
储藏(低温)——肉	生物的——病原菌	是	如果产品不能储藏在或低于足以抑制病原菌生长的温度条件下,病原菌就可能在该产品中繁殖	将产品保存在或低于足以抑制病原菌生长的温度条件下	2B
	化学的——无				
	物理的——无				
储藏——非肉产品配料/包装材料	生物的——无				
	化学的——无				
	物理的——无				
装配/将非肉产品配料预称重	生物的——无				
	化学的——无				
	物理的——无				
装配/将肉产品称重	生物的——无				
	化学的——无				
	物理的——无				

续表 1-3

加工步骤	食品安全危害	逻辑上危害是可能发生的吗?	根据	如果第三栏中对问题的回答是肯定的话,应采取什么措施去预防、消除或使危害降低到可接受的水平	关键控制点
加工肉馅/混合	生物的——无				
	化学的——无				
	物理的——金属污染	是	工厂记录证明在加工肉馅过程中金属的污染是可能发生的	在装填生产线安装限制性磁铁	3P
香肠填料	生物的——无				
	化学的——无				
	物理的——无				
再处理（返工）	生物的——病原菌	否	每日最终剩下的需要再处理的产品被认为是不适食用的或者是用于工厂中制备熟食制品		
	化学的——无				
	物理的——无				
包装贴标签	生物的:病原菌——寄生虫(旋毛虫 *Trichina*)	是	在历史上,旋毛虫(*Trichina*)在未经加工的猪肉产品中已有发生	标签要明确说明该产品是未经加工的,同时具有烹调方法介绍和食品安全处理的说明	4B
	化学的——无				
	物理的——金属污染	是	必须排除有可能进入企业的金属污染或在肉馅加工过程中所受的污染	在包装/贴标签生产线区域安装金属探测器,以排除金属污染	5P
最终产品的储藏(冷藏)	生物的——病原菌	是	如果产品的储藏温度不能维持在或低于完全抑制病原菌生长的水平,从逻辑上讲,该产品中病原菌就可能繁殖	使产品所处的温度维持在或低于完全抑制病原菌生长的水平	6B
	化学的——无				
	物理的——无				
装运	生物的——无				
	化学的——无				
	物理的——无				

附件 1-7

HACCP 计划开发表:监控程序和次数

见表 1-4。

表 1-4 HACCP 计划开发表:监控程序和次数

加工分类: 产品:		
加工步骤/CCP	临界值	监控程序 (谁来监控/监控什么/何时监控/如何监控)

附件 1-8

HACCP 计划开发表：纠正措施

见表 1-5。

表 1-5 HACCP 计划开发表：纠正措施

加工分类： 产品：			
加工步骤/ CCP	临界值	监控程序 (谁来监控/监控什么/何时监控/如何监控)	纠偏措施

附件 1-9

HACCP 计划

见表 1-6。

表 1-6 HACCP 计划

加工分类： 产品实例：					
CCP 和位置	临界值	监控程序和次数	HACCP 记录	核实程序和次数	纠正措施

签字：________________ 日期：________________

附件 1-10

运行中的一种 HACCP 体系典型记录的目录

1. 配料(ingredients)

● 来自于所有受监控的 CCPs 的记录。

● 供应商依照企业要求提供文件证明。

● 企业审查记录证实供应商与企业要求一致。

● 对温度敏感型的配料,要做好储藏温度的记录。

● 对保质期有限的配料,要做好储藏时间的记录。

2. 制备(preparation)

● 记录所有受监控的 CCPs。

● 证明食品制备程序合适性的记录。

3. 包装(packaging)

● 表明符合包装材料规格的记录。

● 表明符合密封要求的记录。

4. 最终产品(finished product)

● 充分的数据和记录以确定维持产品安全的屏障功效。

● 如果产品储存时间的长短影响其安全性,需要大量数据和记录确定产品安全保质期。

● 由对相关危害和必要控制措施具有知识和经验的权威部门提供的 HACCP 程序的足够文件证明。

5. 储存和流通

● 温度记录。

● 表明没有将对温度敏感且超过保质期的产品装运的记录。

6. 偏差和纠偏措施

● 对一个 CCP 出现的偏差所采取的一切措施进行记录。

● 重新评估的记录和对 HACCP 计划的修改,表明就配料、配方、制备、包装和流通控制的各个环节通过的修改和改变确实是需要。

7. 员工培训

● 记录表明负责实施 HACCP 计划的员工了解危害、控制和程序。

附件 1-11

第 417 部——危害分析与关键控制点(HACCP)体系

§417.1 定义

本部分的目的是解释下述定义的应用。

纠偏措施(corrective action):当发生偏差时,所采取的程序。

关键控制点(critical control point):食品加工过程中的一个点,一个步骤,或一道工序,而在该位置利用控制措施,就能预防、消除食品安全危害,或者将危害降低到可接受的水平。

临界值(critical limit):指的是在关键控制点上的物理、生物或化学危害必须控制的最大或最小值,使鉴别出的食品安全危害得以预防、排除或降低到可接受的水平。

食品安全危害(food safety hazard):任何可引起人类消费食品不安全的生物、化学或物理特性。

HACCP 体系(HACCP system):运作中的 HACCP 计划,并包括 HACCP 计划本身。

危害(hazard):见上述食品安全危害。

预防措施(preventive measure):可用于控制一种鉴别出的食品安全危害的物理、化学或其他方法。

过程监控设备(process-monitoring instrument):用于表明加工过程中关键控制点状况变化的仪器或设备。

企业负责人(responsible establishment official):指的是企业现场全权负责的个人,或企业更高层次的管理者。

§417.2 危害分析和 HACCP 计划

(a)危害分析(hazard analysis):

(1) 每个官方企业应该进行或者已经进行危害分析。危害分析的目的是确定在生产过程中逻辑上可能发生的食品安全危害,并确定企业用于控制这些危害的预防措施。危害分析包括食品进入企业之前、之中或之后可能发生的食品安全危害。一个经营谨慎的企业对于逻辑上可能发生的食品安全危害,可能会确定控制方法,因为这种危害在历史上已经发生过,或者是因为在缺乏控制措施时,这种危害在经加工的特殊类型的产品中逻辑上具有发生的可能性。

(2)要准备描述每个加工过程所有工序的流程图和企业中产品的流程图,并要确定最终产品的用途和潜在的消费群体。

(3)食品安全危害可能由以下因素引起:

(ⅰ)天然毒素;

(ⅱ)微生物污染;

(ⅲ)化学污染;

(ⅳ)杀虫剂;

(ⅴ)药物残留;

(ⅵ)人畜共患的疾病;

(ⅶ)腐败;

(ⅷ)寄生虫;

(ⅸ)未经批准的直接或间接使用的食品添加剂或色素;

(ⅹ)物理危害。

(b)HACCP计划:

(1)每个企业应该制定和实施一个书面的HACCP计划,该计划涵盖企业生产的每一种产品。一种危害分析揭示出不管何时逻辑上可能发生的一种或一种以上的食品安全危害,按照本节(a)段的要求进行的危害分析,包括以下加工分类的产品:

(ⅰ)屠宰——所有种类;

(ⅱ)未经加工的产品——肉末状;

(ⅲ)未经加工的产品——非肉末状;

(ⅳ)经热处理——商业无菌产品;

(ⅴ)未经热处理——耐储藏产品;

(ⅵ)热处理——耐储藏产品;

(ⅶ)煮熟——不耐储藏产品;

(ⅷ)经热处理但未煮熟——不耐储藏产品;

(ⅸ)含有次生抑制剂的产品——不耐储藏产品。

(2)如果本节(c)段中要确认和实施的食品安全危害、关键控制点、临界值和要求的程序基本上是相同的,一项单一的HACCP计划可包含多种产品,这些产品归在本段确定的某种单一加工类型之内。条件是本计划中清楚地描述计划要求的任何一种专门产品所具有的特征,并且在实际操作中也观察到这种特征。

(3)如果产品是按照本章第318部分的G小部分和第381部分的ⅹ小部分要求生产的,涉及加热处理/商业无菌产品的HACCP计划就不必强调与微生物污染有关的食品安全危害。

(c)HACCP 计划的内容。HACCP 计划至少应包括以下几方面内容。

(1)列出按照本节(a)段的要求鉴别出的食品安全危害,在每个加工过程中对这些危害要加以控制。

(2)列出每种鉴别出的食品安全危害的关键控制点包括:

(ⅰ)为控制由企业内引发的食品安全危害而设计的关键控制点;

(ⅱ)为控制由企业外引发的食品安全危害而设计的关键控制点。包括进入企业之前、期间和之后发生的食品安全危害。

(3)列出符合每个关键控制点的临界值。设计出的临界值至少要确保与 FSIS 制定的应用目标和操作标准,以及本章中提出的任何从属专门加工过程或产品的其他要求相符合。

(4)列出监控程序和执行该程序的次数,该程序用于监控每个关键控制点,以确保符合临界值要求。

(5)包括所有纠偏措施,这些措施是按照本部分§417.3(a)段要求开发的,用于纠正在关键控制点上出现的任何与临界值偏差的现象;

(6)提供一个用文件证明对关键控制点进行监控的记录保存系统。记录应含有监控过程中获得的实际值和观察值;

(7)列出企业按照本部分§417.4 的要求应用的核实程序和执行该程序的次数。

(d)在 HACCP 计划上签字并注明日期。

(1)企业的负责人应在 HACCP 计划上签字并注明签字日期。签字意味着企业已经认可并将实施该 HACCP 计划。

(2)在 HACCP 计划上签字并注明日期,表明:

(ⅰ)初步同意接受;

(ⅱ)同意任何修改意见;

(ⅲ)同意至少每年按照本部分 417.4(a)(3)的要求,对 HACCP 计划进行重新评估。

(e)按照 21U.S.C.456、463、608 和 621 的规定,一个企业如果未成功开发和实施符合本节要求的 HACCP 计划,或未能按照本节要求进行操作,在这种情况下就会生产出掺假产品。

§417.3 纠偏措施

(a)书面 HACCP 计划要明确某个临界值发生偏差时应采取的纠偏措施。HACCP 计划将对采取的纠偏措施进行描述,并明确采取纠偏措施的责任,以确保：

(1)确定偏差的原因，并将其排除；

(2)采取纠偏措施之后，CCP 将处于受控状态；

(3)制定预防偏差重现的措施；

(4)不会因出现偏差使有害于健康或掺假产品进入市场。

(b)如果不包含在一项专门的纠偏措施中的偏差发生了，或者产生了另一种未预见的危害，企业应该：

(1)将受影响的产品与正常产品分开，并控制(停止)生产，直到符合本节(b)(2)和(b)(3)的要求为止；

(2)再次检验受影响的产品，以确定该产品符合进入流通的要求；

(3)必要时对受影响的产品采取措施，以确保不会因偏差使有害于健康或其他假冒产品进入市场；

(4)按照本部分 § 417.7 节的要求，由经培训的一名人员进行重新评估，以决定最新确定的偏差或其他未预见的危害是否将被编入 HACCP 计划中。

(c)按照本节要求，采取的所有纠偏措施都要记录在案，并需按照本部分 § 417.4(a)(2)(ⅲ)的要求以及 § 417.5 的记录保存要求对这些记录进行核实。

§ 417.4　验证、核实和重新评估

(a)每个企业将验证 HACCP 计划在控制危害分析过程中确定的食品安全危害的有效性，并对有效实施的计划进行核实。

(1)开始验证。随着危害分析和 HACCP 计划开发的完成，企业应按照规定开展活动，以确定 HACCP 计划正在发挥应有的作用。在验证 HACCP 期间，企业将重复检验 CCPs、临界值、监控和记录保存程序以及 HACCP 计划中提出的纠偏措施。验证工作也包括对记录本身的审查、检查 HACCP 系统日常运转情况，以及上下文提到的其他验证活动。

(2)连续核实活动。连续核实活动包括但并不限于下述内容：

(ⅰ)过程监控设备的校准；

(ⅱ)监控活动和纠偏措施的直接观察；

(ⅲ)按照本部分 § 417.5(a)(3)的要求，审核形成和保存的记录。

(3)重新评估 HACCP 计划。每个企业至少每年应对 HACCP 的适用性进行重新评估。无论何时发生变化，这种变化可能影响危害分析或改变 HACCP 计划，均应重新评估。这些变化可能包括但并不限于：原材料或原材料来源；产品的配方；屠宰或加工方法或系统；生产数量；工作人员；包装；最终产品的销售方法；或该产品的用途或潜在的消费者。按照本部分 § 417.7 的要求，重新评估应由一名经过培训的人员来完成。每当重新评估结果显示 HACCP 计划不符合本部分§417.2(c)的要求时,就应立即对该计划进行修改。

(b)对危害分析进行重新评估。逻辑上可能发生食品安全危害,但企业的危害分析结果显示不存在这种食品安全危害,因而企业可不将其列入 HACCP 计划。但是,每当一种变化发生时,这种变化可能对是否存在食品安全危害逻辑上可能产生影响,都应重新评估危害分析的合适性。这些变化可包括但不限于:原材料或原材料来源;产品的配方;屠宰或加工方法;生产数量;包装;最终产品的销售方法;或该产品的用途或潜在的消费者。

§417.5 记录

(a)企业要保存好用文件证明企业 HACCP 计划的记录:

(1)本部分§417.2(a)规定的书面危害分析,包括所有的支持性文件。

(2)书面 HACCP 计划,包括与关键控制点和临界值的选择和确定有关的决策性文件,选择的监控和核实程序以及采用这些程序的频率的支持性文件。

(3)用文件证明关键控制点的监控及其临界值的记录,包括:实际时间、温度的记录,或企业 HACCP 计划中规定的其他可用数量表示的记录;过程控制设备的校准;纠偏措施包括对出现的一个偏差采取的所有措施;核实程序和结果;产品代号、产品名称或产品特性、或屠宰生产批次。上述每种记录都应包括记录形成的日期。

(b)按照 HACCP 计划保存的记录要求,每条都应是特殊事件发生时作出的记载,包括记录的日期和具体时间,同时,每条记录都要由企业的记录员签字或草签。

(c)在产品装运之前,企业要对产品生产有关的记录进行核查,该记录是按照本节的要求完成文件登记的,以确保记录的完整性。核查记录包括控制结果符合所有临界值要求,和采取的纠偏措施是否适当,包括对产品进行适当处理。在可行的情况下,核查应当由一名不负责该记录的人员进行,最好是按照本部分§417.7的要求,经过培训的人员,或企业的负责人来进行审查、签字并注明日期。

(d)计算机保存的记录。假定采用了适当的控制措施,能够确保电子数据和签字的完整性,使用计算机保存记录是可行的。

(e)记录保留。

(1)企业要保留本节(a)(3)段要求的如下所有记录:关于屠宰情况的记录至少要保留一年;关于冷藏产品的记录至少要保留一年;关于冷冻、防腐、或耐储藏的产品记录至少要保留两年。

(2)本节(a)(3)段要求的记录,在6个月之后采取场外保存是容许的,只要 FSIS 工作人员提出要求,在24小时之内现场能得到这些记录。

(f)官方审查。本部分要求的所有记录、所有计划和程序都将供官方审查和复制。

§417.6　不适宜的 HACCP 体系

如果出现以下情况，这种 HACCP 体系就会被认为是不适宜的：

(a)运行中的 HACCP 计划不符合木部分提出的要求；

(b)企业的职工没有完成 HACCP 计划规定的任务；

(c)企业没有成功地按照本部分§417.3 的要求采取纠偏措施；

(d)没有按照本部分§417.5 的要求保存 HACCP 的记录；

(e)生产或装运掺假产品。

§417.7　培训

(a)只允许一名符合本节(b)段要求的人员行使以下职能，但这名人员不一定是该企业的员工：

(1)按照本部分§417.2(b)的要求，开发 HACCP 计划，这可能包括采用适合于专门产品的普通模式；

(2)按照本部分§417.3 的要求对 HACCP 计划进行重新评估和修改。

(b)本节(a)段列举的可行使职能的个人要成功地完成一门训练课程，该课程介绍肉、禽加工过程中 7 个原理的应用，包括部分内容介绍开发专门产品的 HACCP 计划和记录审查。

§417.8　机构核实

FSIS 将通过确定每个 HACCP 计划符合本部分和所有其他可适用法规的要求的程度，核实 HACCP 计划的合适性。核实的内容包括：

(a)核查 IIACCP 计划；

(b)核查 CCP 记录；

(c)核查和确定偏差发生时采取纠偏措施的合适性；

(d)核查临界值；

(e)核查附属于 HACCP 计划或体系的其他记录；

(f)对一个 CCP 的直接观察或测量；

(g)样品的收集和分析，以确定产品符合所有的安全标准；

(h)现场观察和记录核查。

附件 1-12

部分政策公告

联邦注册:1997 年 10 月 28 日(62 卷 229 号)
法律条文:
第 63254 至 63255 页
通过 GPO 进入联邦在线注册网址:wais. access. gpo. gov
文件号:fr28no97-2

美国农业部
食品安全检验局
9CFR PARTS 301、307、308、310、318、381、416、417
[附件号:97-067N]
被可见粪便物污染的畜禽胴体
机构:美国农业部食品安全检验局
职责:通告有关按照 HACCP 体系规章执行食品安全标准事宜

摘要:

食品安全检验局颁布此公告,以确保所有联邦检查的屠宰企业的业主和经营者明确本局将可见粪便物的"零宽限"作为食品安全标准。粪便物是微生物病原体存在的载体,而在屠宰加工容易产生的微生物污染就会造成食品安全危害。为了有效控制微生物污染,屠宰场就必须制定有关危害分析和关键控制点的计划,其他方面,则必须保证完成牲畜胴体检验或禽胴体进入冷藏车时,不存在任何可见粪便物。

更多信息请洽询:Patricia F. Stolfa, Assistant Deputy Administrator, Regulations and Inspection Methods, Food Safety and Inspection Service, Washington. DC 20250-3700;(202)205-0699.

补充信息:

食品安全检验局依照联邦肉类产品检验法案(FMIA)(21U. S. C 601 et seq.)和联邦禽类产品检验法案(PPIA)(21U. S. C 451 et seq.)执行该项法定计划以保护消费者的安全和利益,坚决制止不卫生、掺假或贴假标签的畜禽肉制品流入市场。畜禽制品在以下任何情况下都被视为掺假，包括：如果肉制品上携带或含有损害健康的有毒或有害物质，除非这些物质是非人为加入，而量又不足以轻易地危害健康。如果整个或部分畜禽制品存在肮脏、恶心或腐烂性物质或由于其他不明原因造成了不安全、不健康、不卫生或者其他情况或者根本不合适作为人类食品、如果在那些不卫生条件下制备、包装或保藏肉制品，最终因肮脏引起了污染，从而危害健康的，(21 U. S. C. 453(g)(1)，(g)(3)，and (g)(4) and 601(m)(1)，(m)(3) and (m)(4)。FMIA 和 PPIA 包括了对政府检查的有关要求和对于需要进行检查的产品禁止交易的规定，除非这些产品已经被"检查并通过"，否则就是掺假。

食品安全检验局(FSIS) 强制执行受核查的屠宰场里胴体和分割肉部分上的可见粪便物"零宽限"的标准。该标准见 FMIA 和 PPIA 制定的政府法规(9CFR，第三章 A 节和 C 节)。该标准要求屠宰场在处理牲畜胴体和分割部分时要防止粪便物的污染，如果有污染应当立即清除(部分 310. 18)，严禁禽类胴体和分割部分在装冷藏车时有可见粪便物污染[部分 381. 65(e)]。按照 FMIA 的要求，当检查人员在牲畜屠宰检查现场或之后的转运发现粪便物，或按照 PPIA 要求，禽类胴体即将装冷藏车时以及之后(即，冷藏清洗时或之后)发现粪便物，检查人员要负责承担处理被被污染的胴体和分割肉，除非能够按照规定要求将污染彻底清除。

食品安全检验局(FSIS) 颁布该项告示，以保证所有联邦政府核准的屠宰场的业主和经营者明了，食品安全检验局(FSIS) 以 FMIA 和 PPIA 为准则将可见粪便物的零宽限作为食品安全的标准。重申食品安全检验局(FSIS) 的立场，即所有联邦政府核准的屠宰场将实施 HACCP 体系法规，这显然是十分恰当的。

第 417 部分的要求，连同降低病原体沙门氏菌的执行标准，在屠宰牛、猪、鸡或火鸡，生产绞细牛肉或新鲜猪肉肠或加工绞细鸡肉或火鸡的公司[部分 310. 25(b) 和 381. 94(b)]中执行，公司人员超过 500 人的从 1998 年 1 月 26 日起执行；公司人员在 10～500 人(除非该公司年收入低于 250 万美元)从 1999 年 1 月 25 日执行；公司员工人数少于 10 人或年销售额不高于 250 万美元从 2000 年 1 月 25 日执行。

食品安全检验局(FSIS) 基本立场是因为粪便物是病原微生物的载体，而微生物污染对食品安全造成危害，微生物污染在屠宰过程中是相当容易发生[第 417. 2 (a)hel(b)节]。HACCP 计划最终必须控制屠宰场的微生物污染以达到零宽限的标准，屠宰场的控制措施中必须包括保证在胴体检验之后或禽类胴体在进入冷藏车之前无可见粪便物。

在 HACCP 体系最后一个规则——病原体的减少。食品安全检验局(FSIS)解释了其引起粪便物潜在污染的道理。1998 年年初,食品安全检验局(FSIS) 宣称将按照 PPIA 将禽类胴体的可见粪便物的零宽限作为标准。HACCP 体系法规的即将实施并没有改变食品安全检验局(FSIS) 对该标准适用性的定论。

食品安全检验局(FSIS) 就 HACCP 最后规则——病原体减少做如下陈述:

在屠宰企业,粪便物污染是造成病原体污染的主要途径。病原体可以停留在粪便物中并从中摄取营养,再通过动物的肠胃道或外表皮进入屠宰场。因此如果在屠宰和加工过程中,如果不能小心处理和整理,那么胴体的可食部分就会被细菌污染引起人类的疾病。另外,如果这些细菌传入到屠宰场的环境中,那么这些细菌就有可能在牲畜胴体或禽类胴体间扩散开来。

由于与粪便物相关连的病原微生物在屠宰企业里是唯一最大可能与潜在的食品安全危害有关,因此防止粪便物污染和清除相关病原微生物是屠宰场义不容辞的责任。甚至,因为此项污染是要求最大程度的可预防,因此控制就成了屠宰场的 HACCP 计划中关键的一部分了。大多数的屠宰场已经安排了适当的步骤去防止和清除可见粪便物污染。

正如在零宽限最后法规提到并在相关的畜、禽屠宰工作中得到确认的,加工动物的屠宰场必须采用一些可以证明有效减少病原微生物的控制方法,包括防止粪便物污染屠宰后的胴体。按照 HACCP 体系规则,消除可见粪便物污染的关键控制点在所有屠宰场的 HACCP 计划中必须是可预见的和必不可少的。在屠宰企业已经核实并归档的为屠宰者及检测依据而做的 HACCP 体系的最初确认工作必须证明该计划在持续性基础上的控制是有效的。

食品安全检验局(FSIS) 工作人员将会继续核实屠宰企业,是否符合按照第 417 部分要求而规定的零宽限标准。食品安全检验局(FSIS) 将用其工作人员的观察结果以及其他了解的事实来评估屠宰企业在控制粪便物污染方面的预防控制和纠偏行为的有效性。

如果在牲畜胴体检验及禽类胴体进入冷藏车时有粪便物污染的现象存在,那就表示屠宰企业的控制失败了。重复性的失败就意味着屠宰企业的纠偏措施未能阻止污染的重复出现,因此,可能该控制体系是不完善的。

食品安全检验局(FSIS) 除了强制执行可见粪便物的零宽限标准外,还会利用检测一般大肠杆菌(大肠杆菌,生物类型 1)的结果来评估屠宰企业在控制屠宰和加工过程中防止粪便物污染的好坏。食品安全检验局(FSIS) 将会在检测中强制执行沙门氏菌病原微生物减少措施标准,将补充零宽限标准和大肠杆菌检测。

HACCP 计划的内容:关键控制点

联邦注册:1998.1.30(63 卷 20 号)
法律条文
第 4560 至 4562 页
也可通过 GPO 进入联邦在线注册网址:wais.access.gpo.gov
文件号:fr30ja98-2

美国农业部
食品安全检验局
9CFR 第 417 部分
[附件号:97-082N]
机构:美国农业部食品安全检验局
职责:告示按照 HACCP 体系规章执行食品安全标准

摘要:

食品安全检验局(FSIS) 颁布此文件以保证所有联邦政府核查的屠宰企业的业主和经营者明了,控制点的确认在遵守 FSIS 有关危害分析和关键控制点(HACCP)体系的规定方面是至关重要的。HACCP 体系规定中要求 HACCP 计划必须列出在产品加工过程中所确认的可能出现食品安全危害的关键控制点(CCP)。关键控制点的数量依赖于产品加工的过程以及危害性质,但是一个 HACCP 计划必须明确关键控制点是控制所用和为临界值所测的点、步骤、程序,使出现的危害能够被阻止、消除或减少到可接受的水平。所制定的临界值必须满足 FSIS 规定的适用对象和执行标准,以及 FSIS 对有关加工工艺和产品所规定的要求。这些规定要求体现了 FSIS 的观点,即在加工过程中是可能发生任何食品安全危害的,如果采取控制措施,企业即使不能完全阻止或消除危害的出现,也至少可以将危害减少到可以接受的水平。

更多信息请洽询:Patricia F. Stolfa, Assistant Deputy Administrator, Regulations and Inspection Methods, Food Safety and Inspection Service, Washington. DC 20250-3700;(202)205-0699.

补充信息:

食品安全检验局依照联邦肉类产品检验法案(FMIA)(21U. S. C 601 et seq.)

和联邦禽类产品检验法案(PPIA)(21U. S. C 451 et seq.)执行该项规章制度以保护消费者的安全和利益,坚决制止不卫生、掺假或贴假标签的畜禽肉制品流入市场。为了进一步达到最大程度上减少肉传疾病危险的目标，FSIS 发布有关病原体减少的 HACCP 体系的最终细则。HACCP 体系法规的第 417 部分要求联邦政府核查的屠宰企业进行或已经进行了危害性分析,以便能够确定在产品加工过程中食品安全危害,并要确定那些供屠宰部门的危害预防措施。任何时候危害分析揭示一个或更多通常会出现的食品安全危害。尽管有可能一个按照法规而实施的危害分析没能揭示有完全可能出现的食品安全危害。但屠宰部门也必须制定并实施一个或多个 HACCP 计划去控制这些危害。正如 FSIS 在发布该法规时所说的一样,FSIS 不可能完全清楚所有的肉禽产品加工过程,从而就绝对断定提出不可能有危害。

第 417 部分的要求,公司职员超过 500 人的从 1998 年 1 月 26 日执行;员工人数在 10～500 人之间(除非该公司年收入低于 250 万美元)从 1999 年 1 月 25 日执行;公司员工人数少于 10 人或年销售额不高于 250 万美元从 2000 年 1 月 25 日执行。

食品安全危害包括生物、化学、物理三个方面的,它们都能使得食品对人类不安全。

第 417 部分规定，CCP 就是一个点、步骤或程序,屠宰企业可以用来在食品加工过程中加以控制,从而可以阻止、消灭危害或将危害减少到可以接受的程度。所有 HACCP 计划中必须列出每个已经鉴别出的食品安全危害的关键控制点,相应包括:CCP 的确定是为了控制可能由企业内部产生的食品安全危害,并且关键控制点的确定也为控制可能由企业外部引入的食品安全危害,这些危害可能发生在进入企业之前、或进入过程时、或进入企业之后。

HACCP 计划同时也必须按照相关必要条件要求确认与 CCP 相关连的临界值(最大和最小的),制定解决与临界值出现偏差时的纠偏行为,还有那些能保证在偏差出现时有合适的纠偏行为的认证与监控程序。最起码,制定的临界值必须满足 FSIS 规定的适用对象和执行标准,以及 FSIS 对有关加工工艺和产品所规定的要求。

在制定 HACCP 计划中出现了一些已经引起 FSIS 注意的事情,有些人很肤浅地去看待 CCP,往往无视法定要求。FSIS 现在关注的是有些屠宰企业可能只是单纯地去执行 HACCP 的概念和理论,而没有意识到与法规必要部分关联的 CCP 的重要价值。FSIS 颁布此公告以确保所有联邦政府核查的屠宰企业的业主和经营者必须意识到恰当的关键控制点的确立是至关重要的。

控制点的多少依赖于产品的加工过程与危害情况。FSIS 认为如果发现至少有一个与极可能出现的被相关法律确认的食品危害相关联的 CCP 的确认失败的话，那么制定和实施的该 HACCP 计划就算失败。但以下除外：正如第 417.2(b)(3)部分提到的，就是因微生物污染而引起的食品安全危害。HACCP 计划如果涉及依据罐装食品法律而做的热处理或灭菌的商业产品，目前还不需要涉及微生物危害问题。

FSIS 倾向于将罐装法律条文转为与 HACCP 相一致的操作规范。

FSIS 预计如果按照第 417 部分去操办的话，那么很多公司就会发现对每个已知的危害，他们可能需要不止一个的 CCP，特别在加工原产品的时候。FSIS 认为如果依靠单个 CCP 的话，那么增加公司对产品混乱的纠偏行为，这对大量的产品来说影响是很大的。FSIS 不准备说利用单个 CCP 未必就不能获得成果。比如，如果产品被完善地处理了的话，即使不再进行商业消毒，该产品也耐储藏。食品安全检验局(FSIS) 关注的是现在企业可能对待 CCP 过于局限，而不能保证符合规定的要求。

FSIS 在结论中提到本公告中的第 417 部分的要求，认为任何时候如果发现可能出现的食品安全危害发生了，即使企业不能完全阻止或消除它们，但是如果通过这些控制措施，公司至少能把危害降到可接受的程度。第 417 部分要求所有企业必须采取谨慎，可预防的途径，制定系统的措施来控制这些危害。

HACCP 计划的内容

联邦注册：1998.1.30(63 卷 20 号)

规则条文

第 4562 页

也可通过 GPO 进入联邦注册在线网址：wais.access.gpo.gov

文件号：fr30ja98-3

美国农业部

食品安全检验局

9CFR PAR417

[附件号：97-074N]

机构：美国农业部食品安全检验局

职责：按照 HACCP 体系规章执行食品安全标准

摘要：

食品安全检验局(FSIS) 颁布此公文以确保所有联邦政府核查的公司必须意识到 HACCP 体系法规要求 HACCP 计划必须是一个完整的文档。特别是，FSIS 并不看重有关良好生产习惯的参考办法或公司按良好生产习惯而作出的举措，而是看重 HACCP 计划内容中涉及的必备要求。其他方面，HACCP 计划必须列出在产品加工过程中可能出现的每一个危害的关键控制点(CCP)，与 CCP 相适应的临界值，操作程序以及有关程序执行的频度，这些是用来监控关键控制点与临界值相一致以及验证计划是否被有效实施。HACCP 计划中还必须确认有可行的纠偏措施，能够在关键控制点上出现与相应临界值偏离时采取纠偏措施。

更多信息请洽询：

Patricia F. Stolfa，Assistant Deputy Administrator，Regulations and InspectionMethods，Food Safety and Inspection Service，Washington. DC 20250-3700；(202)205-0699.

补充信息：

食品安全检验局依照联邦肉类产品检验法案 (FMIA)(21U. S. C 601 et seq.) 和联邦禽类制品检验法案 (PPIA)(21U. S. C 451 et seq.)执行该项规章制度以保护消费者的安全和利益，坚决制止不卫生、掺假或贴假标签的畜禽肉制品流入市场。为了进一步达到最大程度上减少肉传疾病危险的目标，FSIS 发布有关病原体减少的 HACCP 体系的最终细则。在规则修改后，FSIS 法规要求所有联邦政府核查的公司在产品加工可能出现的危害的每个阶段必须采取预防性和纠偏措施来防止。

关于 HACCP 体系的法规，即第 417 部分要求有一个能够确定在加工过程中可能出现食品安全危害的危害性分析，确定公司能够用来控制这些危害的防范措施。无论何时这个分析发现一个或更多这样的危害，必须制定出书面的 HACCP 计划并加以执行。在第 417. 2(c)部分，法规具体列出了每个 HACCP 计划必须要求的最基本内容，包括必须列出每个加工过程中的潜在的食品安全危害，列出针对每个鉴定过的危害的 CCP，列出符合 CCP 的临界值，列出操作程序以及实施该程序的频度，这些程序用来监督那些关键控制点使之依从于临界值。并且列出核实程序和实施该程序的频度，以让公司能够按第 417. 4 部分的要求来执行(例如，核实计划是否被有效的执行)。另外，HACCP 计划还包括依照第 417. 3 部分的要求开发的所有纠偏措施，必须确认相应与临界值偏差的纠偏措施。

第 417 部分的规定要求，公司人员超过 500 人的从 1998 年 1 月 26 日起执行；公司人员在 10～500 人(除非该公司年收入低于 250 万美元)从 1999 年 1 月 25 日执行;公司员工人数少于 10 人或年销售额不高于 250 万美元于 2000 年 1 月 25 日执行。

法规最直接明确的要求是列出关键控制点、临界值、监控和核实的程序、指定和确认纠偏措施,在发行的第 417 部分中, FSIS 清楚提出对 HACCP 体系中关键控制点的确认。FSIS 现在担心有些企业或者企业的顾问会把执行第 417.2.(c)部分的要求仅仅当成良好生产习惯或者公司依良好生产习惯而采取的措施来对待。尽管 FSIS 考虑将良好生产习惯作为制定一些必要条款来保护公众免受畜禽肉制品被制假或因为商业利益去制假,但是 FSIS 并没有将说明良好生产习惯作为其法规的一部分。

FSIS 颁布此公告以确保所有联邦政府核查的公司明白,如果仅仅参考良好工作习惯或公司依良好工作习惯而采取的措施,而不指出关键控制点、临界值、监控和认证的程序和纠偏措施是完全不能满足第 417.5.c 部分的要求。第 417 部分要求 HACCP 计划必须是一个完整的文档。

此外,关键控制点、临界值的作用还能够防止、消除或者将一个或多个食品安全危害降低到可接受的程度。定义上,临界值是最大值和最小值,按照法规,临界值的确定要适合 FSIS 制定的适用对象和操作规范,还要和其他食品安全检验局(FSIS) 法规里适合于具体的加工过程及产品的其他必要条文规定相匹配。为了决定是否符合临界值要求,以及如果不符合就要阻止掺假食品外流并且防止将来出现偏差,法规要求要有针对计划的监控、认证和纠偏措施的程序。

公司检查产品生产记录

联邦注册:1998.3.6(63 卷 44 号)
规则条文
第 11104、11105 页
也可通过 GPO 进入联邦注册在线网址:wais.access.gpo.gov
文件号:fr06mr98-3

美国农业部
食品安全检验局
9CFR 第 417 部分
[附件号:98-003N]
公司对产品生产记录进行检查

机构:美国农业部食品安全检验局

职责:公告 HACCP 体系法规的执行

摘要:

食品安全检验局(FSIS) 颁布此公文以便联邦政府核查的公司的所有者和经营者了解他们在按照 HACCP 体系法规要求,在产品装运外销之前对有关产品生产的记录进行检查时应采取哪些措施。该法规并没有硬性规定公司如何去达到要求,因此在提供各样记录检查方案时也是有很大的机动性。然而,公司必须确定必须满足所有临界值的要求,并且在必要时候所采取的纠偏措施。公司同样必须保证产品装运外销前所有的记录是完整的。

更多信息请洽询:Patricia F. Stolfa, Assistant Deputy Administrator, Regulations and Inspection Methods, Food Safety and Inspection Service, Washington. DC 20250-3700;(202)205-0699.

补充信息:

食品安全检验局依照联邦肉类产品检验法案(FMIA)(21U. S. C 601 et seq.)和联邦禽类制品检验法案(PPIA)(21U. S. C 451 et seq.)执行该项规章制度以保护消费者的安全和利益,坚决制止不卫生、掺假或贴假标签的畜禽肉制品流入市场。为了进一步达到最大程度上减少肉传疾病的危险的目标,FSIS 发布第 417 部分的规定,即 HACCP 体系。

第 417 部分的规定要求,公司人员超过 500 人的从 1998 年 1 月 26 日起执行;公司人员在 10～500 人(除非该公司年收入低于 250 万美元)从 1999 年 1 月 25 日执行;公司员工人数少于 10 人或年销售额不高于 250 万美元从 2000 年 1 月 25 日执行。

第 417 部分要求联邦政府核查的公司确定在产品加工过程中容易出现的食品安全危害,制定并执行一个或多个用来控制这些危害的 HACCP 计划。按照第 417 部分,公司通过监控程序,即应用在关键控制点上的临界值以及失控时用来恢复公司控制和防止掺假产品进入市场所采取的纠偏措施来控制食品安全危害,这些都作为公司认证的一部分而归档成文。

为了确保 HACCP 计划能够被有效地实施,保证其控制食品安全危害和防止掺假肉类制品流入市场的功能,第 417 部分同样要求公司采取确认行为。确认工作包括检查公司将正在执行的 HACCP 计划归档的记录。按照第 417.5.c 部分的说法,对于一个特定的产品来说,直到公司将所有与生产相关的记录都检查了才能算确认工作的结束。

第417.5.(c)部分的内容如下：

在装运产品之前，公司应该检查与产品生产相关的记录，这些记录都按照本部分要求归档以保证完整性，其中包括确认临界值是否合适，必要时采取的纠偏措施，包括产品的正确处置。当可行时，应该对检查工作加以管理，注明日期，还应该让不是做记录的人来签名，最好是那些按照本部分要求培训过的人或公司的负责官员。

就在联邦政府核查的公司准备按照第417部分的要求执行HACCP计划时，有人向FSIS咨询执行法规的这一部分时该采取些什么措施，尤其是有人问到能不能采取其他什么措施来代替单一检查人员在产品正在装载即将外销时检查所有产品记录的措施，同样达到所要求的最终以记录为基础的核查工作的效果。

FSIS颁布此公告就是给所有联邦政府核查公司的所有者和经营者提供一些有关能合乎要求的程序的信息。第417.5(c)部分的核心就是要求公司不仅负责完成和执行HACCP计划，还要负责保持对产品进行监控，直到保证公司员工合理有效地实施了这些计划。FSIS并没有硬性规定公司如何执行，它认为除了在前面章节里提到过的程序外，这些法规在对提议记录检查方案时可以有很大机动性。

公司相关人员可以在产品加工完成后和装运之前的任何时候检查生产记录。例如，包括在产品还没有进入指定储存库的最后生产工作日，在产品已经放置在指定储存库的时候，或者在准备有关装载公司运出产品文件的时候。依据规定要求，公司还可以提前开始检查记录的完整性并按步骤完成检查。例如，一个公司屠宰了一头牛并剔骨，准备第二天做绞细牛肉。那么就可以安排一个检查员负责检查第一天屠宰和剔骨的记录，并将记录转交给第二天另一个检查员，如果另一个负责剩余工作的检查员确保公司运作符合于所有临界值要求，并且在必要的时候采取了纠偏措施，而且生产记录是完整的，那么就可以在在检查书上签名并注明日期了。另外，按第417.5(c)部分要求将记录存放在电脑中的，或许可以利用电算完成更多的记录检查。

关键的问题是要求确认公司的控制措施能够保证产品的正确处置，防止掺假产品外流。FSIS在目前并没有排除如下做法的可能性，即公司是按照规定进行运作的，但在以记录为主的核查过程中，公司将产品从生产企业转到另一个企业作为储存地，并保持对产品进行监控，直到公司完成了所有的记录检查并将产品运到各个零售点。行业成员有兴趣制定包括那些向FSIS咨询的，保证产品被运出分销之前必须开展所有确认工作的安全措施。

（罐装食品生产及罐头产品法规也涉及到相似的例外情况，公司在获得地方监察人员的同意下，可以不必等待要求的存放期结束之前将产品运出销售。）

FSIS同样指出，按第417部分规定办事的公司并不影响FMIA和PPIA的应用。特别是要严禁装运或提供别人来转运的掺假畜禽肉产品。

HACCP 计划规定、肉类产品加工分类、政策说明

联邦注册:4.1.1998(63 卷 62 号)
规则条文
第 15739、15740 页
在联邦注册在线通过 GPO 进入[wais.access.gpo.gov]
文件号:fr01ap98-1

"联邦注册"[FEDERAL REGISTER]的这部分包含具有基本适用性和法律效应的法规文件,其中大部分被编录于依照 44usc1510 出版的 50 类法规并成为其中关键部分。
联邦法规的出售按文档的加以严格管理
新书的价格见每周第一期联邦注册(FEDERAL REGISTER)
美国农业部
食品安全检验局
文件:HACCP 计划规定、肉禽产品加工分类、政策说明
机构:食品安全检验局
职责:政策说明

摘要:

食品安全检验局(FSIS) 公布此公文为了向所有公司说明它关于 HACCP 法规方面的政策。不论该企业是通过单一加工方式获得多类产品还是通过多途径生产单一产品。

有效期:所有意见稿在 1998 年 6 月 1 日前收到有效
地址:提交一份原始和两份复印的意见稿到:
食品安全检验局(FSIS) Docket Clerk, Docket ＃98-006N, U.S. Department of Agriculture, Food Safety and Inspection Service, Room 102, Cotton Annex, 300 12st SW, Washington, DC 20250-3700. 所有提交的供公共检查的关于本公文的意见稿在 Docket Clerk 的办公室周一到周五,早 8 点 30 到下午 4 点 30 有效。

更多信息请洽询:Patricia F. Stolfa, Assistant Deputy Administrator, Regulations and Inspection Methods, Food Safety and Inspection Service, Washington.

DC 20250-3700;(202)205-0699.

补充信息:

背景

1996 年 6 月 25 日,食品安全检验局(FSIS) 公布了为提高肉禽制品安全性和推动美国农业部(USDA)肉禽检查系统的现代化而颁布了建立新要求的最终章程。最终章程要求所有正式肉禽公司执行 HACCP——一项有科学根据的加工控制体系。按照新法规,所有正式公司都要制定和执行 HACCP 计划,以及发展相应的必要的控制手段,以保证自己的肉禽制品是安全的。

HACCP 是一个灵活的体系,这就使得公司可以根据自己产品特性和产量去制定和执行特定的控制体系。因此 FSIS 公布法规的要求,就是为了能最大限度地让肉禽公司自己去制定和执行 HACCP 计划。FSIS 公布此公告就是对公司说明法规的要求,这些公司有的想为大量但相似的产品制定并执行一个单一的 HACCP 计划,也有为了生产单一产品而通过多项加工程序。

按照第 417.2 部分(a)段对 HACCP 要求,FSIS 要求肉禽公司进行一个危害性分析以确定在加工过程中可能出现的食品安全危害,并确定能用来控制这些危害的防范措施。任何时候危害分析显示一个或多个危害可能出现时, FSIS 要求各公司必须制定并执行一个覆盖所有产品的书面 HACCP 计划。进一步来说, FSIS 特别要求企业按以下加工分类来制定产品 HACCP 计划:

屠宰——所有种类;

未经加工的产品——肉末状;

未经加工的产品——非肉末状;

经热处理——商业无菌产品;

未经热处理——耐储藏产品;

经热处理——耐储藏产品;

煮熟——不耐储藏产品;

经热处理但未煮熟——不耐储藏产品;

含有次生抑制剂的产品——不耐储藏产品。

第 417.2(b)(2)部分提到“如果食品安全危害、关键控制点、临界值和经过确认并执行的程序基本一致的,并且与特定产品相对应的唯一的 HACCP 特征在计划中被清楚描述并在实践中可以被观测到,那么一个单一的 HACCP 计划或许可以将多个产品包含在本章提到的某个加工种类中。”许多肉禽公司,特别是加工企业通常在生产多样产品时,它们大多数的加工步骤是相同的。允许这些产品包容在一个 HACCP 计划中,可以简化和改进依从性和核查过程。

举例说明，一个同时生产即食腌肉和即食烤肉加工企业，可以对这两个产品制定并执行同一个 HACCP 计划。该计划将确定共同的 CCP 和临界值(按企业事先确定的时间、温度来分熟食和冷食产品)，同样也确定加工步骤中任何的不同之处(腌肉要经过腌制)。在本例中，依从 HACCP 必要条件就变得简单多了，同样为两个产品做同一个 HACCP 计划比分开做两个计划就要省事得多。同样核查工作，也因为 FSIS 监察人员能更高效地检查单一的计划而得以改进和简化。

本条文同样阐明，肉禽公司可以为经过多种加工方式的单一产品制定单一的 HACCP 计划，大部分的计划很可能同时被肉禽屠宰和加工公司制定并执行。举例说明，有许多公司参与了屠宰、绞碎、然后将肉包装给零售商的生产过程；也有很多公司参与了屠宰、切碎再将禽制品包装给零售商的生产过程。他们可能大多会选择去制定并执行单一的覆盖屠宰和加工两方面的 HACCP 计划。通常为同一个产品制定并执行一个 HACCP 计划比做两个计划(给屠宰做一个，给加工做一个)要更高效和节省。多数情况下，FSIS 的检查人员能够更切实并有效地检查肉禽公司里一个覆盖所有加工(包括屠宰)的单一 HACCP 计划。

即食产品的单核细胞增生李斯特氏菌污染

联邦注册：19995.26(62 卷 229 号)
规则条文
第 28351 至 28353 页
也可通过 GPO 进入联邦注册在线网址：wais. access. gpo. gov
文件号：fr26my99-2

美国农业部
食品安全检验局
9CFR 第 416 和 417 部分
[附件号：99-025N]
即食产品的单核细胞增生李斯特氏菌污染
机构：美国农业部食品安全检验局
职责：遵循 HACCP 法规，征求意见

摘要：

食品安全检验局(FSIS) 颁布此公告以告知即食肉禽产品的生产者，关于

FSIS 对于 HACCP 体系规定应用到李氏杆菌污染上的要求。

FSIS 相信从对即食产品系列进行测试的结果以及调查李氏杆菌暴发的信息，会影响到企业的危害分析或改变受影响产品的 HACCP 计划。因此，企业必须重新评估自己的即食禽肉类产品的 HACCP 计划。如果重新评估的结果表明李氏杆菌污染是企业生产加工过程中可能出现的食品安全危害，那么这种微生物污染必须写进 HACCP 计划中。

在这份文件里，FSIS 列出了几个企业在重新评估自己的 HACCP 时应该考虑的因素。同样，FSIS 正在做一些可能对企业有帮助的指导材料。FSIS 欢迎对文件中提到的因素及指导材料提出宝贵意见。

意见接受期：1999 年 6 月 26 日

说明：提交一份原始和两份复印的意见稿 FSIS Docket Clerk，Docket ＃98-006N，U. S. Department of Agriculture，Food Safety and Inspection Service，Room 102，Cotton Annex，300 12 stSW，Washington，DC 20250-3700. 所有提交的供公共检查的关于本公文的意见稿在 Docket Clerk 的办公室周一到周五，早 8 点 30 到下午 4 点 30 有效。指导材料可以到检查系统发展中心获取。

更多信息请洽询：Patricia F. Stolfa，Assistant Deputy Administrator，Regulations and Inspection Methods，Food Safety and Inspection Service，Washington. DC 20250-3700；(202)205-0699.

补充信息：

食品安全检验局依照联邦肉类产品检验法案(FMIA)(21U. S. C 601 et seq.)和联邦禽类制品检验法案(PPIA)(21U. S. C 451 et seq.)执行该项规章制度以保护消费者的安全和利益，坚决制止不卫生、掺假或贴假标签的畜禽肉制品流入市场。为了进一步达到最大程度上减少因禽肉引起的肉类疾病危险的目标，FSIS 在 1996 年 6 月 25 日颁布了 HACCP 法规的最终细则。这些法规要求所有联邦政府核查的企业在食品加工过程中的每一个步骤，对食品安全危害采取预防和纠偏措施。

第 416 部分有关卫生标准操作程序的规定，要求企业制定、执行、维持书面的卫生标准操作程序(SSOP)，这些每天的程序足够防止直接污染或掺假。第 417 部分的 HACCP 的规定，要求进行危害分析以确认在加工过程中可能出现的危害，并确定企业可以用来控制这些危害的预防措施。法规要求企业给每个产品制定一个书面的 HACCP 计划并执行，其中包括对每个已确定危害的作出具体的控制措施。

当 FSIS 颁布减少病原体的 HACCP 最终细则时，它就考虑了 SSOP 和 HACCP 之间的联系问题。并注意到 SSOP 作为卫生达标的手段和防止直接产品污染和掺假的重要性,作为近期的操作程序,比 HACCP 优先使用,从某种意义上来说,SSOP 还是 HACCP 的必备方案。主要考虑到不能太冗余,FSIS 发现将卫生程序合并到已经确认的 HACCP 计划中不需要重复企业的 SSOP。FSIS 同时估计有些卫生标准操作程序,比如说已经提到的工作前对厂房、设备、器具的清洁工作会依然保留在公司的 SSOP 里。

HACCP 法规要求所有正规的企业只要危害性分析发现了一个或多个在产品加工过程中可能出现的危害,就必须制定一个书面的 HACCP 计划并加以执行。第 417.2 部分的(a)段指出危害性分析的目的是:确认在产品加工过程中可能出现的危害,并确定企业可以用来控制这些危害的防范措施。列出 10 个有潜在危害的范围(包括微生物污染)以使企业在分析方面有指南。

第 417.2(a)段同样指出,如果一个谨慎的企业仅是依据过去出现过的危害去建立一些控制措施,或者确定了危害非常有可能在某个特定产品的加工过程中出现,但因为没有相应的控制措施,潜在性危害就可能会出现。

潜在性危害有可能在某个特定场地、特定的产品加工过程中出现,因此要求企业必须确定足够的控制这些危害的防范措施。显然,情况会随着时间好转。因此,HACCP 法规要求每个企业应当适当的对自己的 HACCP 进行重新评估,至少每年进行一次,或当影响潜在危害性分析或改变 HACCP 计划的影响出现时。如果重新评估发现该项计划不再符合要求时,企业应当立即修改 HACCP 计划。

单核细胞增生李斯特氏菌(李氏杆菌)

李氏杆菌是一类存在于健康动物(包括人类)的肠道和环境中的病原细菌。环境是指生产食品、动物饲养和加工的地方(如在土壤中、水中、植物上,设备表面。地板上,墙上)。因此,食品很可能被这种微生物污染,即使经过煮熟或者其他措施来消灭这种病原菌,也可能被再次污染。

李氏杆菌能引起李斯特病,一种严重的有时甚至是致命的疾病,所以对怀孕妇女、新生婴儿、老人和免疫力差的人就很危险。最通常的表现就是脑膜炎,还会引起流产和死产。分子图谱分析方法的发展使得科学家能够将李氏杆菌和特定的产品联系起来,观测李斯特病(LISTERIOSIS)的暴发。

从 20 世纪 80 年代末期,FSIS 就和食品与药品管理局(FDA)以及食品生产厂一起商讨如何改进工艺,使即食产品(产品可能没有经过进一步加热或其他准备工作就被食用)免于李氏杆菌污染。另外,在过去十年里,FSIS 已经执行了一个微生物检测的计划,在实施该计划中,FSIS 从联邦政府核查的企业中收集即食肉禽类制品样品,包括煮熟和发酵的香肠、煮熟的腌牛肉、火腿片和午餐肉、牛肉干、煮熟的未腌禽制品、沙拉、涂抹食品。(欲知 FSIS 最新检测计划指南,参阅 FSIS

指令 10,240,2。对依 HACCP 指导生产的厂家的即食产品进行微生物取样。)FSIS 按 FMIA 或 PPIA 对检测出李氏杆菌的产品视作假货。

在 1989—1993 年间,由李氏杆菌引起的疾病逐步减少。然而在接下来的几年中,并没有进一步减少。从去年秋天,一种以前罕见的"E"型李氏杆菌造成了疾病的增多。疾病控制中心、公共健康中心、健康和人类服务部报道 101 例发病,15 个成人死亡和 6 个流产或死产。技术的进步提供了更多从食品和人类分离病原菌的有效方法,目前公共卫生部门已经获得了"E"型李氏杆菌与禽肉制品关系的信息。

FSIS 目前正在评价一系列的措施,包括短期和长期的,去保护公共健康不受这种病原菌的侵害。为了帮助这次评估活动,1999 年 1 月 10 日 FSIS 举行了一个讨论有关研究、法规、教育,政府及行业对策的会议。

控制李氏杆菌的污染

FSIS 公布这一文件,通知由联邦核查的企业在有关处理李氏杆菌污染的公众健康策略方面该部门的立场,在 FSIS 继续发展全面策略的同时也提供一个评论这种立场的机会。FSIS 担心是因为,在最近发生的由于受到污染的家畜和家禽的即食产品引起的李氏杆菌感染暴发后,有些企业并没有重新评估他们的 HACCP 计划,并且有些企业此后又生产了含有李氏杆菌的即食产品。如果李氏杆菌对食品安全的危害是发生在有关企业的产品生产过程当中,那么这一问题就必须在 HACCP 计划中加以解决。仅仅宣称在本企业的卫生标准操作程序(SSOP)中对这种危险作了足够的处理是不够的,必须对 HACCP 进行重新评估,确定这种危险在 HACCP 计划中得到了相应的解决。

FSIS 检查了有关最近李氏杆菌感染暴发的调查和有关李氏杆菌污染的发现,以及现有的有关这种食品病原体的盛行和持续的信息,认为有充分的证据证明有些企业现有的解决畜禽即食产品感染李氏杆菌的方法没有遵守第 417 部分的要求。因此,FSIS 相信第 417.4(a)(3)部分有关企业重新评估 HACCP 计划的要求应包含畜禽的即食产品。

换句话说,根据现有的污染事件的记录,和有关这种病原体的盛行持续的信息,以及它在不利条件下的存活能力和有些产品对污染的明显易感性,FSIS 无法确定一个生产即食产品的企业(不是指那些根据条例第 318 部分 G 子部分或 X 子部分进行商业消毒热处理的企业)如何确保生产过程中产品的 HACCP 计划达到第 417 部分的要求。

FSIS 的结论仅仅解释了进行 HACCP 重新评估的必要性。FSIS 无法预计一个生产即食产品的企业根据评估结果按照条例在单个或多个 HACCP 计划中建立或改进防止李氏杆菌感染的控制措施的可能性。但是 FSIS 确信,根据现有的知识，应该认为李氏杆菌污染极有可能发生在畜禽即食产品的生产中，尤其是已经生产过携带李氏杆菌产品的企业，或是生产一种或多种即食产品的企业，而这些产品又无法肯定在无这种病原体的环境中对李氏杆菌是易感的。

FSIS 要求生产畜禽即食产品的企业在此文件发布 30 天之内对其 HACCP 计划进行重新评估。FSIS 将指示其检查人员确认这种重新评估已被完成。如果有企业未能根据此文件的要求进行 HACCP 计划的重新评估，FSIS 将评估该企业是否符合第 417 部分的要求。

为确定李氏杆菌污染是一种极有可能发生在生产过程中的食品安全危害，以及确定生产企业为控制这种危害可以采取的防范手段，FSIS 相信与下述因素有关。对 HACCP 计划的重新评估也应该考虑到这些因素。FSIS 将提供有关技术信息和政府部门指导资料(请参见获取资料的地址)。FSIS 欢迎对这一指导资料和下述因素提出意见。

(1)关于原材料中的病原体水平，FSIS 相信很重要的一点是每个企业都应清楚它所用的原材料的特性，特别是使用的原材料和原材料来源有李氏杆菌污染的证据时，能得到相应的通知。

(2)关于致命处理程序的验证，FSIS 相信行业成员必须严格遵守 HACCP 计划中第 417.4(a)(1)部分的验证要求，特别是确保本企业在商业经营条件下能够成功应用致命处理程序(见 61 FR 38826－38827)。直到该企业能够证实它在工厂条件下达到预计的处理效果，计划的验证才能得以通过，否则有效性只是理论值。

(3)暴露于致死处理后的污染，现有的有关食品加工环境中存在李氏杆菌的证据也表明即使食品经过杀死病原体的处理，产品感染的可能性仍有所增加。因此，每个企业对 HACCP 的重新评估必须解决这种污染的可能性。每个企业必须对其最终产品的特性负责，例如水活性、pH 值，以及是否需要一种或多种防止病原体生长的隔层。HACCP 中必须结合解决重新评估中发现的危害。

(4)关于产品污染的证据，FSIS 相信不管是政府还是行业检测的结果，在一个企业的即食产品中任何有关李氏杆菌的发现，都应被视为有效或是结论性的证据，表明在该产品的生产过程中李氏杆菌感染可能已构成了食品安全危害。因此，当出现这种情况时，FSIS 的立场是：如果生产企业的 HACCP 计划中没有提供对李氏杆菌的控制方法，并且缺乏有效科学的解释，那么该 HACCP 计划必须进行修改，以解决李氏杆菌的危害，并增加相应的控制手段。如果生产企业的 HACCP 计划具备对李氏杆菌的解决和控制方法，那么该企业必须根据 9CFR 第 417.3 部分的要求采取相应的改正措施。FSIS 检查人员将核实该企业已采取了必要的改正措施。

附件 1-13

食品安全检验局(FSIS) 有关 HACCP 体系的法规和国家食品微生物标准咨询委员会(NACMCF)的 HACCP 原理和应用指南的对照 (1997 年 8 月 14 日通过)

见表 1-7。

表 1-7　FSIS 和 NACMCF 有关 HACCP 原理中应用指南的对照

第 417 部分 HACCP 体系 §417.1 名词解释	国家食品微生物标准咨询委员会 名词解释
本部分可能会用到下列名词解释。	CCP 决策树:一系列帮助决定某一控制点是否是 CCP 的问题。 控制:(a)保证操作状态和已定标准一致的行为(b)保证程序的正确执行且符合标准的状态。 控制措施:任何可以阻止、消除或减少重大危害的行为或措施。 控制点:能够将物理、化学或生物因素加以控制的步骤。
纠偏措施:偏差出现时采取的措施。	纠偏措施:偏差出现时采取的措施。 标准:判断或决定时依赖的必要条件。
关键控制点(CCP):食品加工过程中,可以通过控制来阻止、消除食品安全危害或者将危害降低到可接受程度的要点、步骤或者程序。 临界值:那些需要在关键控制点加以控制来阻止、消除或者可降低到可接受程度,即已确定的食品危害出现的最大值或最小值。 食品安全危害:任何能够造成食品对人类消费不安全的物理、化学或生物的因素。	关键控制点(CCP):能够通过控制来阻止、消除食品安全危害或者将危害降低到可接受程度的生产步骤。 临界值:那些需要在关键控制点加以控制来阻止、消除或者可降低到可接受程度,即已确定的食品危害出现的最大值或最小值。 偏差:偏离临界值。
	HACCP:一套鉴别、评估和控制食品安全危害的方法。 HACCP 计划:按照 HACCP 原理制定的叙述操作程序的书面文件。
HACCP 体系:执行的 HACCP 计划,包括计划本身。	HACCP 体系:执行 HACCP 计划的结果。

续表 1-7

第 417 部分 HACCP 体系 §417.1 名词解释	国家食品微生物标准咨询委员会 名词解释
	HACCP 工作组:负责制定、执行和维持 HACCP 计划的人员。
危害:见食品安全危害。	危害:通常在失控的情况下能引起疾病或伤害的生物、物理或化学因素。 危害分析:收集和评估与食品有关的危害,经过慎重考虑,决定哪些是严重的危害,必须在 HACCP 计划中提到,这个过程就是危害分析。 监控:对 CCP 进行有计划次序的观测,评定 CCP 是否在掌控之中,并且准确记录,以备将来认证工作之用。 必备程序:给 HACCP 体系打下基础的一些说明操作情况的程序,包括 GMP。
预防措施:用来控制确定的食品安全危害的物理或化学手段 监控设备:用来反映加工过程中 CCP 情况的设备或装置。 企业负责人:现场具有绝对权威的人员或者企业的高层人员。	
	严重程度:危害影响的严重性。 步骤:在初产品到最终消费的食品体系中的一个要点或者程序、操作或者阶段。 验证:核查工作的一部分,主要是收集和评估科学和工艺信息,以决定 HACCP 在正确执行时能否有效地控制危害。 核查:确定 HACCP 的有效性和 HACCP 是按照计划来操作。
	HACCP 原理 原理一:进行危害性分析; 原理二:确定关键控制点(CCP); 原理三:确定临界值; 原理四:确定监控程序; 原理五:确定纠偏措施; 原理六:确定核查程序; 原理七:确定记录保存和文件管理程序。

续表 1-7

第 417 部分 HACCP 体系 §417.1 名词解释	国家食品微生物标准咨询委员会 名词解释
	HACCP 原理应用的指导方针 所有这些情形和实例现在被认为是制定和履行有效 HACCP 计划的必要程序。所有这些必要程序应该被记录归档并且定期核查。在必要程序可能对食品安全产生影响时,它们也可能关系到能否保证食品的卫生和适合消费。HACCP 现在被缩窄范围,仅仅要求保证食品安全以供消费。 在制定和履行每一个 HACCP 计划时必须确定必要程序的存在和有效性。必要程序从 HACCP 计划中独立出来进行建立和管理,但是必要程序的有些方面还是有可能整合到 HACCP 计划中去。 **制定一个 HACCP 计划** 建立 HACCP 工作组 一个工作组成员应该来自多个学科,包括来自工程、加工、卫生、质量保证和食品微生物学……制定一个计划如果完全依靠外来数据很可能充满错误、不完整或者在本地失去支持。 因为危害分析要求具备信息的工艺性质,所以建议在食品加工方面知识渊博的专家要么参与危害分析,或者对危害分析的完成和 HACCP 计划进行核对。 对食品及其流通进行描述 HACCP 工作组首先对食品进行描述,包括食品的基本介绍,成分,加工方法。流通方法应该标明在流通时是否需要进行冷冻、冷藏或者在室温即可。
§417.2 危害分析和 HACCP 计划 (a)危害分析 (1)每个政府批准的屠宰公司应该或者已经进行危害分析,以明确在食品加工过程中可能出现的食品危害,确定能够用来控制这些危害的预防措施。危害分析应该包括那些曾经、正在或即将在公司出现的危害。食品	进行危害分析(原理一) 在陈述了首要任务后,HACCP 工作组就要执行危害分析并且确定合适的控制措施。危害分析就是要列出重要的那些如果没有得到有效控制会造成伤害或者疾病的危害。不可能出现的危害在 HACCP 计划中不予更多考虑。在进行危害分析时,安全和质量是不同的两方面

续表 1-7

第 417 部分 HACCP 体系 §417.1 名词解释	国家食品微生物标准咨询委员会 名词解释
危害是指可能出现而企业为此采取控制措施的东西，或者有出现的历史，或者如果不采取控制措施会在食品加工过程中以特定形式出现。	内容。 周密的危害分析是准备一个有效的 HACCP 计划的关键。如果危害分析没有正确地执行，HACCP 体系中有关的控制危害的措施没有确定，那么这个计划不管将来执行得多么好都是无效的。 危害分析和相关联的控制措施的确定必须保证三点： 所有危害和相关的控制方法必须确定。 分析工作可能还需要确定有关加工过程或者产品的修饰措施，以便产品的安全能进一步得到保证和提高。分析工作为原理 2 中关于 CCP 的确立奠定了基础。 开展危害分析包括两个阶段，首先就是危害的鉴别，危害鉴别主要是列出所有潜在的和食品加工的每个加工环节相关联的危害。 在列出潜在的危害后，就进入了第二阶段，就是危害评估。在本阶段，按照危害的严重程度和发生情况对每个潜在性危害进行评估。考虑发生情况时主要结合经验、流行病数据以及科技文献的有关信息。如果危害没有有效控制的话，考虑危害暴发的可能性和潜在的危害程度也是有用的。另外，考虑事项应该注明潜在危害的短期和长期暴发的影响。此项考虑不包括日常的饮食选择，这也属于 HACCP 之外的东西。 分析结束时，应该列出食品加工过程中每一步相关危害进行控制的措施。这些措施虽不能阻止所有的危害，但能从本质上将这些危害控制住。
(2)准备标明每个加工步骤和产品流向的流程图，确定产品最终消费群。	制作描述过程的流程图 目的就是清楚简单地列出加工过程中的所有步骤。流程图必须包含所有公司控制的加工的步骤，另外，流程图还能附上食品在公司加工之前或加工后的食物链。
	核查流程图 HACCP 工作应该立即检查流程图的精确性和完整性。

续表 1-7

第 417 部分 HACCP 体系 § 417.1 名词解释	国家食品微生物标准咨询委员会 名词解释
(3)食品安全危害可能来自： (ⅰ)天然毒素； (ⅱ)微生物污染； (ⅲ)化学污染； (ⅳ)杀虫剂； (ⅴ)药物残留； (ⅵ)人畜互患性疾病； (ⅶ)腐烂； (ⅷ)寄生虫； (ⅸ)直接或间接使用禁止的食品或色素添加剂； (ⅹ)物理性危害。	进行一项危害分析(原理 1) 在评估每个潜在危害时，应该考虑食品的制备方式、运输方式、储存方式以及可能消费的人群以确认上述因素是否会影响要控制的危害的发生和危害的严重性。
(b)HACCP 计划 (1)任何企业在按照此部分 a 段进行危害分析发现一个或多个可能出现的危害时，都应该制定和履行一个书面的 HACCP 计划，该计划涵盖公司的所有产品。包括按照下列加工而成的产品： (ⅰ)屠宰——所有种类； (ⅱ)未经加工的产品——肉末状； (ⅲ)未经加工的产品——非肉末状； (ⅳ)经热处理——商业无菌产品； (ⅴ)未经热处理——耐储藏产品； (ⅵ)经热处理——耐储藏产品； (ⅶ)煮熟——不耐储藏产品； (ⅷ)经热处理但未煮熟——不耐储藏产品； (ⅸ)含有次生抑制剂的产品——不耐储藏产品。 (2)如果食品安全危害、CCP、临界值、用以鉴定及操作的程序都一样的话，那么单一 HACCP 计划就可以适用于上述某单一加工类型生产的多样产品。条件是计划所需要的任何必要特征，应在某一特定产品中清楚地得以体现，在实际操作中也是可见的。 (3)如果加热处理/商业灭菌的产品是按照必要条件的 318 节，G 段或者 381 节，X 段来加工，HACCP 计划可以不必陈述与微生物污染相关联的危害。 (c)HACCP 计划的内容 HACCP 计划至少要有以下内容。	**制定 HACCP 计划** HACCP 计划的格式可以改变，在很多情况下，计划是具体到产品或者加工过程，但是有的计划可能只是一个操作途径。在制定 HACCP 计划时将企业的每一个特定的条件都应该加以考虑。 **执行及维持 HACCP 计划** 制定一个分别描述关于制定、执行和维持 HACCP 体系的计划。执行行为主要包括 HACCP 中提到的有关监控、记录、纠偏程序及其他行为的持续应用。

续表 1-7

第 417 部分 HACCP 体系 § 417.1 名词解释	国家食品微生物标准咨询委员会 名词解释
(1)列举依照 A 段确定的要加以控制的危害。	进行危害分析(原理 1) 危害分析完成后,与产品加工每个步骤相关的危害以及用以控制危害的措施都应该被列出。
(2)列举每个确定的用于控制食品安全危害的 CCP,包括: A. CCP 用于控制在企业内部产生的食品安全危害; B. CCP 用于控制在进入企业前、进入过程中和进入企业后发生的食品安全危害。	关键控制点(CCPs)的确定(原理 2) 在确定 CCPs 点时必须指出那些潜在的在不加以控制的情况下能引起伤害或者疾病的危害。 完整且确凿地确定CCP是控制食品安全危害的基础。危害分析中积累的信息对 HACCP 工作人员在确定加工中哪些环节是关键控制点时是至关重要的。 CCP 点是定在那些能阻止、消除或者将危害降低到可接受程度的地方。生产相似产品的不同企业可能在危害确定和 CCP 点选择上存在不同。总之,CCP 点仅用来保证产品安全。
(3)列举与 CCP 匹配的临界值,临界值至少能够保证应用目标及操作标准是 FSIS 建立的。	临界值的确定(原理 3) 临界值是在关键控制点上用来区分操作状况的安全与不安全。临界值不应同操作极限相混淆,后者的确立是因为食品安全以外的原因。 每个 CCP 上应该至少有一个控制措施用来阻止、消除危害或将食品安全危害降低到可以接受的程度。每个控制措施应该有一个或多个控制临界值。对每个 CCP 来说,至少应该有一个与食品安全相关的标准。临界值和标准可能有不同的来源,如法规标准、指导方针、文献调查、经验或者专家学者。
(4)列举程序及执行程序的次数。用于监控每个 CCP 以保证不偏离临界值。	监控程序的确定(原理 4) 如果监控发现有失控的趋势,就应该采取措施,在偏差出现前使一切都在控制之中。监控就是用来发现什么时候在 CCP 会出现失控或偏差,即超出临界值或与临界值不相符。当偏差出现时,必须采取合适的纠偏措施。监控为确认提供书面的记录档案。 理想地说,监控应该是有着各种物理或化学方法的持续的过程。如果可能,最好采取持续监控。监控设备必须被精确校准。 负责监控的人员在发现加工过程或者产品不符合极限要求时应该立即报告。

续表 1-7

第 417 部分 HACCP 体系 §417.1 名词解释	国家食品微生物标准咨询委员会 名词解释
	如果对一个 CCP 不能采取持续监控，就应该设定一个足够可靠保证 CCP 完全受控的监控频率和程序，为此还应该有数据收集和取样系统。 大多数程序要求迅速，因为它们多跟即时的过程关联，没有太多时间去分析测试。 可能有很多程序适合食品、配方、加工或者出口的，但微生物检测就没有可选的程序了。
(5)包括所有为防止关键控制点上发生偏差而按照第 417.3 部分指定的纠偏措施。 (6)记录对关键控制点的监控情况，记录应包括应该数值和监控中观察得到的数据。 (7)列出核查程序以及实施该程序的频率，企业应该依照第 417.4 部分来使用这些程序。	纠偏措施的确立(原理 5) 偏差出现时，就有必要采取纠偏措施。 记录保存和文件管理程序的确立(原理 7) 建立核查程序 1985 年 NAS 指出，HACCP 体系核心的科学主要在于危害、关键控制点、临界值的正确的鉴定，并作出适当的核查程序。
(d)对 HACCP 计划进行签名并注明日期 (1)HACCP 计划应该由公司专门负责人来签名并注明日期。签名就意味着公司接受并将执行 HACCP 计划。 (2)HACCP 计划应该注明日期并签名，这表明： (ⅰ)初步同意接受； (ⅱ)同意任何修改意见； (Ⅲ)同意至少每年按照第 417.4 部分要求进行的重新评估。 (e)依照 21USC456,463,608 和 621，如果企业在依照这部分制定和执行 HACCP 计划失败或者依照这部分必要条件来操作失败，可能要对那些在掺假条件下生产的产品进行赔偿。	
§417.3　纠偏措施 (a)书面 HACCP 计划应该确定当偏差发生时应当采取的纠偏措施。HACCP 计划应该陈述要采取的纠偏行为，明确采取纠偏行为的责任是为了保证： (1) 偏差能被确定和消除； (2) 采取纠偏措施后 CCP 就得以控制； (3) 制定为防止重犯的措施；	确立纠偏措施(原理 5) 纠偏措施的重要目的就是为了防止有危害可能的食品远离消费群。纠偏行为应该包括下列要素：(a)确定偏差原因并加以更正；(b)确定偏差产品的处置；(c)记录采取的纠偏措施。特定的纠偏措施应该提前给每个 CCP 制定出来，并归属成 HACCP 计划的一部分。至少，HACCP 计划应当明确偏差出现时应该采取

续表 1-7

第 417 部分 HACCP 体系 §417.1 名词解释	国家食品微生物标准咨询委员会 名词解释
(4) 没什么产品对健康有害,否则偏差的最终结果是掺假产品流入市场。	什么措施,谁来负责执行,这些都要作出记录并加以保留。HACCP 计划应该安排了解加工、产品的人来负责监视纠偏措施。
(b)当某一特定纠偏措施不能控制偏差或者意外危害出现时,公司应该: (1) 隔离和掩藏污染产品,直至符合 b(2)和(3)的必要条件; (2) 进行核查以确定让受影响的产品进行外销的可接受性; (3) 必要时采取措施,保证受影响的产品对健康无害,否则就是掺假,最终流入市场; (4) 让按照第 417.7 部分进行培训过的人来执行重新评估,以决定新确定的危害或者其他意外危害是否要写进 HACCP 计划中。 (c)依照本部分采取的纠偏措施都应该记录在案,档案从属于核查和记录。	
§417.4 验证、核查、重新评估 (a) 每个公司都应该确认 HACCP 足够控制经危害分析确定的食品安全危害,并核实该计划被有效执行。 (1)初始验证 完成危害分析并制定完 HACP 计划,公司应该采取既定的行动确认 HACCP 的作用如前所愿。HACCP 确认时,公司应该重复检测 HACCP 计划中提到的 CCP、临界值、监控和记录程序以及纠偏措施合适与否。此项确认工作照例和其他确认一样包括对记录本身的核实。	确定核查程序(原理 6) 认证的一个重要方面是确认 HACCP 计划是否科学合理,保证所有危害都被确定,而且如果该计划得以合理执行,所有的危害都能得到控制。认证 HACCP 计划所需要的信息资料主要包括专家建议、科学研究和现场观察、测试和评估。
(2)不断进行核查工作 该项工作包括但不限于以下: (ⅰ) 监控装置的校准; (ⅱ) 直接观察监控行为和纠偏措施; (ⅲ) 按照第 417.5(a)(3)部分要求来作出和维护的记录的核查。	核查的另一个方面就是评估企业 HACCP 体系是否按照计划在起作用。不能依靠成品的检测,企业应该经常核查自己的 HACCP 计划,确认 HACCP 计划被正确执行,核查 CCP 监控和纠偏措施的记录情况。
(3)HACCP 计划的重新评估 每个企业应该每年都对 HACCP 计划的有效性进行重新评估,或者有变化影响了危害分析,或者此变化需改变 HACCP 计划时也	HACCP 工作组或者一个独立的专家会开展并行的认证工作并作出记录。例如:当认证工作正在开展时,却有不明原由的系统失败,重大的产品、加工或者包装的改变或者发现了新的危害。

续表 1-7

第 417 部分 HACCP 体系 § 417.1 名词解释	国家食品微生物标准咨询委员会 名词解释
应该进行重新评估。这种变化可能包括但不限于以下：原材料或原材料的来源；加工程序；屠宰或加工的方法及体系；产品量；工作人员，包装，成品销售体系，预期使用或者成品的消费群。重新评估工作应该由按照§417.7 培训过的专人来操作。如果重新评估时发现 HACCP 不再符合§417.2(c)的要求，就应当立即对 HACCP 计划进行修改。	另外，HACCP 体系应该定期地由独立公正的权威部门进行综合认证。该部门可以是食品工业的同行或者外行。此认证应该包括对危害分析和 HACCP 计划的方方面面的技术评估，现场核查所有操作流程图和工厂操作记录。综合的认证工作应该独立于其他认证工作，而且必须被执行，保证 HACCP 计划最终能够控制危害。如果综合认证发现存在不足之处，HACCP 工作组有必要对 HACCP 计划进行调整。
	执行和维持 HACCP 计划 维持工作很大程度上依赖于定期的认证。HACCP 计划应该依照需要定期更新和修订。
(b)危害分析的重新评估 任何因为危害分析没有发现可能危害而不制定 HACCP 计划的企业，当出现有可能影响食品安全危害的变化时，都应当对危害性分析进行重新评估。这种变化可能包括但不限于以下：原材料或原材料的来源；加工程序；屠宰或加工的方法及体系；产品量；工作人员，包装，成品销售体系，预期使用或者成品的消费群。	
§417.5　记录 (a)公司应该保留下列记载公司 HACCP 计划的记录。 (1)第 417.2(a)部分中要求的书面的危害分析，包括所有证据文件。 (2)书面的 HACCP 计划，其中包括有与选择关键控制点和制定临界值相关的文件，还有那些支持选择监控和认证程序以及执行频率的文件。	建立记录保存和文件管理程序(原理 7) 一般 HACCP 体系保留的记录应该包括以下内容。 1. 有关危害分析的摘要，包括有关如何确定危害和控制措施的推理内容。 2. HACCP 计划，主要有以下内容。 列出 HACCP 工作组成员，并明确责任。 对食品及其销售、食用方法、消费者进行描述。 确认的流程图。 HACCP 计划摘要表，其中包括有： 加工过程中被定为 CCPs 的步骤； 危害的内容； 临界值； 监控； 纠偏措施；

续表 1-7

第 417 部分 HACCP 体系 § 417.1 名词解释	国家食品微生物标准咨询委员会 名词解释
	记录保存程序； 有关在采取措施和执行程序时岗位责任以及执行频率的简单摘要。 3. 诸如有关确认工作的记录之类的证据文件。 4. 工厂操作过程的记录。
(3)监控 CCP 和临界值的记录，包括实际的时间、温度和其他在 HACCP 计划中涉及的数据；监控设备的校准；纠偏措施，包括所有为对付偏差而采取的措施；认证程序和认证结果；产品代码，产品名称或成分，屠宰产品标签。所有记录都应该有记录时的日期。	建立监控程序(原理 4) 监控 CCPs 的人员应该受过监控技术的培训，充分理解监控的目的和重要性，监控和报告时要求公正无私，真实报告结果。
(b)只有当特定事件出现时才能登录到 HACCP 计划下保留的记录，包括记录时间和日期，并且应该由登录的公司职员签名或者草签。 (c)装运产品之前，应该核查与产品相关的生产记录，保证完整，其中包括检验与临界值是否相匹配，可能采取的纠偏措施，包括产品的正确处置。实际上，应该由非记录者或按照第 417.7 部分的要求经过培训的或者公司负责官员来开展核查工作，标明日期并签名。 (d)记录保存在计算机上 如果有适当的控制措施可以保证电子数据和签名的完整性，将记录存放在计算机上是可接受的。 (e)记录保留 (1)企业应该保留所有 a(3)段要求的记录，如下：屠宰操作至少一年；冷藏产品至少一年；冷冻、腌制或者耐储藏食品，至少两年。 (2)a(3)要求的非现场记录要求保存 6 个月，如果 FSIS 人员提出要求，此记录能找到并要求在 24 小时之内当场提供出来。 (f)官方核查。本部分要求的所有记录、计划以及要求程序都可以供官方核查和复印。	所有与 CCP 监控有关的记录和文件都应该注明日期并签名，或者由负责监控工作的人员草签。

续表 1-7

<table>
<tr><th>第 417 部分 HACCP 体系
§417.1 名词解释</th><th>国家食品微生物标准咨询委员会
名词解释</th></tr>
<tr><td>**§417.6 不完善的 HACCP 体系**
如 HACCP 体系被发现有下列情况就视为不完善：
(a)操作过程中的 HACCP 计划和本部分要求的不相符；
(b)企业人员没有按照 HACCP 计划中的规定来执行任务；
(c)企业没能按照第 417.3 部分的要求采取纠偏措施；
(d)没有按第 417.5 部分的要求保留 HACCP 记录；
(e)生产或装运假货。
§417.7 培训
(a) 只要一个人满足本节(b)段的要求，他不一定是企业的员工，应该可以行使下列职责：
(1)按照第 417.2(b)部分的要求制定 HACCP 计划，该计划可以包括将一般模式进行修改，以使它适合某一特定产品。
(2)按照第 417.3 部分的要求重新评估和修改 HACCP 计划。
(b)行使本节 a 段列出职责的人应该成功完成有关禽肉加工的 HACCP 的 7 个基本原理的课程，还包括为特定产品制定 HACCP 计划和记录核查方面的一部分课程。
§417.8 机构核查
FSIS 将对 HACCP 的合理性进行核查，以确定每个 HACCP 计划都符合本部分和其他现行法规的要求。这种核查包括：
(a)审查 HACCP 计划；
(b)审查 CCP 记录；
(c)审查偏差出现时采取的纠偏措施的合理性；
(d)核查临界值；
(e)核查其他与 HACCP 相关的记录；
(f)在 CCP 上直接进行观测；
(g)采样分析，确定所有产品符合安全标准；
(h)现场观察并记录核查情况。</td><td>**教育和培训**
成功的 HACCP 体系得益于对员工和管理层进行自身在生产安全食品中的重要作用的教育和培训。应该包括有关如何避免食传危害流传到食物链的各个阶段的信息。专门的培训工作包括对工作的介绍和监控 CCP 的程序。

执行和维持 HACCP 计划
一开始，就应该挑选并培训 HACCP 协调员和工作组人员。工作组主要负责制定初始计划并协调执行。能够安排产品组为特定产品制定 HACCP 计划。组建这些工作组时重要的一点是保证他们都有过恰当的培训。负责监控的工人应该有足够的培训。
保持 HACCP 体系的一个重要的方面，是保证让所有参与其中的人员都经过良好培训，这样他们才能了解自己的作用，从而有效地承担自己的责任。</td></tr>
</table>

第二章　HACCP 实施与审核指南

一、制定与实施 HACCP 计划的步骤

见表 2-1。

表 2-1　制定与实施 HACCP 计划的步骤

1	组成 HACCP 小组，确定 HACCP 计划的范围	
2	描述产品及其销售方法	
3	描述产品的用途	
4	制作加工的详细流程图	
5	进行流程图现场核实	
6	列出与每个步骤相关的所有潜在危害，进行危害分析，并考虑控制危害的方法	原理 1
7	确定关键控制点	原理 2
8	确定每个 CCP 的临界值	原理 3
9	为每个 CCP 建立监控系统	原理 4
10	为 CCP 可能出现的偏差制定纠偏措施计划	原理 5
11	建立核实程序	原理 6
12	建立记录保存和档案	原理 7
13	对雇员、管理者和 QA(质量保证)人员在内的所有工作人员实施 HACCP 关于厂房和工作人员意义的培训。确保人们理解标准用语，如危害分析、关键控制点、核实、质量保证等中使用的不同术语，以使人们使用共同语言	
14	使用表格监控 CCPs，评估在改善产品、加工控制及提供程序的动态分析中表格的作用	
15	收集与 ARMCANZ 要求中所包含的微生物学标准相关的检测信息，作为步骤 11 中核实活动的补充	

备注：步骤 1～12 是制定指定产品 HACCP 计划时所应用的 HACCP 7 个原则的格式。步骤 13～15 是有关执行 HACCP 计划使之成为控制食品安全的工作系统所要求的拓展活动。

二、HACCP 手册内容

HACCP 计划文件要包括审核员要看的、用以证实 HACCP 体系的发展和运转符合以上步骤，并应用上述 7 个原理的所有材料。审核员要看的文件包括：

- 修正记录(实例见附件 2-2)。
- HACCP 小组成员记录。
- 产品说明/用途。

- 加工流程图。
- 工厂车间计划。
- 危害分析表。
- HACCP 审查表。
- CCP 工作指导。
- CCP 监控表。
- 附加的监控要求。
- 支持 HACCP 方案与监控计划。

—— 卫生和消毒程序。

——个人卫生和常规工作指导(见附件 2-5)。

——清洁和批准的化学处理程序表。

——校准程序表和监控表(温度计、秤等)。

——害虫控制计划程序表。

——培训。

——产品识别。

——召回程序。

三、审核员的审核内容

附件 2-7 是审核员在审核 HACCP 体系时所要回答问题的常规列表。审核员可能就 HACCP 体系及其应用的特别方面询问更多的详细问题。

审核员首先要查看系统在原则的应用和遵守制定步骤方面是否符合食品法典委员会(CAC)的要求,并查看显示其符合的文件。

系统必须显示下列程序的运转:

- 对不符合要求的产品的控制。
- 纠偏措施。
- 预防措施。

危害表中不需要使用太复杂的术语,要简单。切记系统越简单,审核越快,最终的花费越小。

选择 CCPs

所提供的文件要表明关键控制点是如何确定的。这一点将通过危害分析(下面的步骤 6 和步骤 7)做到,并可能使用 Codex 决策树(见附件 2-1)。

危害分析是 CCP 选择过程中的一个重要部分 ——危害分析图(下面的步骤 6)为危害分析文件提供了框架,并连同决策树一起用于识别 CCPs。

可接受的 CCPs 数量是多少?某些共识认为,对于屠宰场来说 4 个 CCPs 是足够的:打晕/刺死、去皮、去内脏和最后产品。这 4 个 CCPs 很适合把屠宰后动物胴体"可接受的质量水平"(acceptable quality levels)(AQLs)作为加工控制——在刺死(程序检查)、去内脏后(检查去皮和去内脏)和最后洗涤后(检查整理/洗涤的功效)检查。然而,所选择的 CCPs 数量应根据对操作过程的特有的分析确定。

对于屠宰过程,使用屠宰后动物胴体"可接受的质量水平"(AQLs)来确认哪个加工区域需要进行改进是非常有效的,即使该"质量水平"的应用远离被控制的加工程序。

关键操作(即有危险的操作)可与单个的 CCPs 相结合。允许多个加工步骤(如去皮所涉及的步骤)在去皮结束时合并成单个的 CCP(并在去内脏后被监控,例如由某个屠宰后动物胴体"可接受的质量水平" 监控)。参考下面的步骤 8～12。

必须监控加工过程,而不仅仅是结果。因此"工作指导"要对其所包括的加工过程有叙述性描述,这样审核员可观察加工过程并确认是否遵守了"工作指导"。

危害审核表

危害审核表(表 2-4)的内容应符合 CAC 实例(见步骤 8～12)。表中出现的材料要符合逻辑流程(图 2-1)。

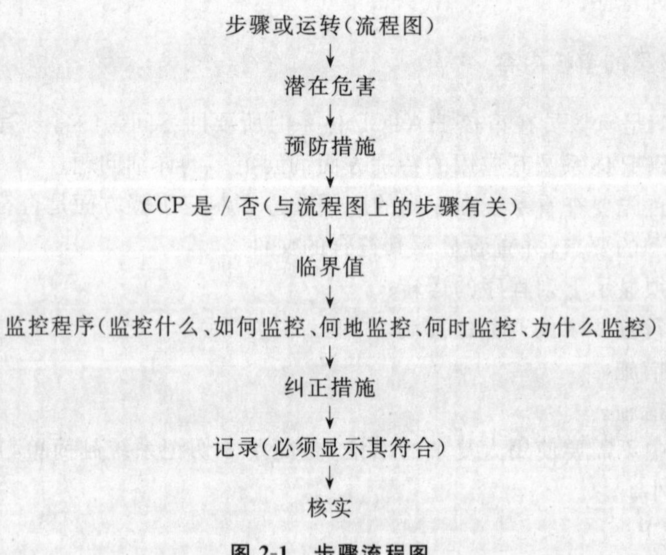

图 2-1 步骤流程图

对出口工厂的 AQIS 要求

AQIS 既要符合"出口肉类定单"的要求,对于特殊市场,AQIS 也要符合进口国家的要求。AQIS 要检查对系统所做的核实,因此要有文件来说明该系统是如何得到核实的。

查看 AQIS，使在计划中出示的材料能证明该计划应用了 7 个原则、步骤符合“Codex”的要求。

项目审核的范围

很多审核方式正转向定期对 HACCP 项目的一部分进行审核，每 6 个月或一年作全面审核。

步骤 1：HACCP 小组

人员组成——总干事、QA 干事、检查员、领班和替换人员(即后备工人)

小组的规模——最多五人，最少三人(显然，操作人员数量少会使可用人员数量受到限制，并可能需要外部援助)。为小组提供有关 HACCP 执行的培训。

HACCP 小组成员应具备有关产品和加工过程的充分知识。应具有足够的专门知识，能够：

- 识别潜在危害。
- 确定严重性和危险性的水平(发生的可能性)。
- 指出关键控制点、推荐的控制方法、临界值及监控和核实的程序。
- 当出现缺陷时，推荐适当的纠正措施。
- 推荐或进行与 HACCP 计划相关的调查和/或研究。

范围的确定——HACCP 小组需要从开始到结束及内容等方面来确定 HACCP 计划的范围(HACCP 计划是否包括成品说明书所规定的质量方面的内容，或是否有关于食品安全的限制——生物学、化学、物理学危害)。需要为该范围提供文件。

虽然综合文件中可能包括其他要求(如 AUS-MEAT)，但 HACCP 项目的重点是食品安全。

步骤 2 和步骤 3：产品描述和用途

表 2-2　一等纸板箱包装肉品批发(实例)

产品描述	箱装肉
组成	装在新纸板箱中的初级真空包装
保存方法	0～4℃冷藏
初级包装	真空袋
二级包装	新纸板箱
储藏条件	0～2℃保存
运送方法	0～4℃的冷藏车
货架寿命	0～4℃ 6 周
销售到消费者时的要求	1℃在干净的纸箱中销售
过敏的消费者	无——用于常规消费
最终为消费者配制好的食品	用于烹饪

识别 HACCP 项目所针对的产品是重要的，以便确定可能发生的危害，并有助

于建立临界值。

这一基本信息为上述产品可能出现的明显危害提供了线索：

1. 正确控制温度以限制细菌的生长，细菌的生长会影响保存期和消费预期。

2. 初级包装的类型是控制细菌生长的一个因素，但可能导致其他的潜在危害，如能在厌氧（真空）条件下生长的病原。

3. 销售方式——除非在同样的条件下销售给消费者，否则在生产和储藏的各个时期控制产品是没有任何意义的。

4. 为消费者配制好的食品——消费者可能有特殊的要求，如：送货时间、温度要求、最大数量等。

5. 过敏人群——在食品工业中，过敏人群通常是指年轻人、老年人、孕妇、免疫受损和身体虚弱的人群。在确定临界值时，提供操作人员的医院、私人医院和机构应考虑到这一点。

对于最终为消费者配制好的食品，独立包装更加重要：即食的肉类产品要特别注意将交叉感染减少到最低限度。

步骤 4 和步骤 5：流程图

下面实例中的符号在加工流程图中是国际通用的。然而，也可使用不同形式的流程图。画出流程图，确保已包含了所有的加工步骤。

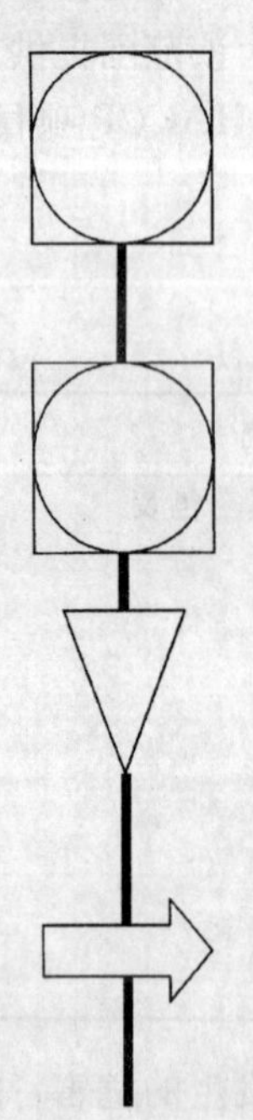

步骤 1：接收和检查产品

将纸板箱包装的肉品接收进厂房，检查确保纸板箱没有损坏，肉品为五级或以下，供应商符合规定要求，如州肉类委员会或注册的出口商，犹太教规等。由于温度超过要求的肉品或来自未经批准的来源的肉品可能成为"危害"，因此上述检查的结果将作为 CCP。

步骤 2：产品称重

检查纸板箱的数量和重量。因为这种检查只是一个商业指标且与产品安全无关，因此不是 CCP。

步骤 3：将纸板箱运到冷冻室

将纸板箱运到冷冻室储藏。因为应尽快运到冷冻室，因此这是一个控制点。然而，假如有所延误，这种延误可能不会过分影响产品，但是应针对该控制点确定最大的延误时间或温度上升幅度，以便使危险降至最低。

步骤 4：在冷冻室储藏纸板箱

在该种条件下储藏产品是一个 CCP，在储藏过程中适当地监控冷冻室和产品的温度，确保库存品的流动。还要在储藏过程中适当地识别不符合要求的库存。

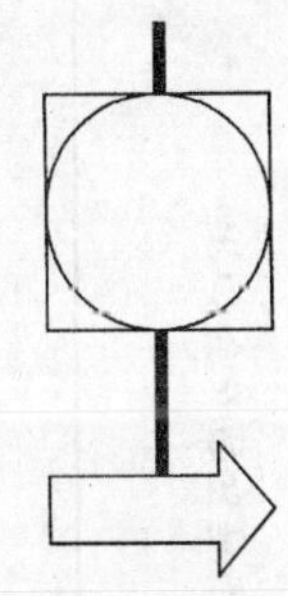

步骤 5:运出/检查

纸板箱按照定单进行分类,准备装运,检查重量/数量和温度。此时检查温度是为了核实在厂房中进行的程序是正确的。同时将保持产品温度的任务交给运载车辆的司机。

步骤 6:交付纸板箱到顾客

在 HACCP 项目中,这一过程的结果只有当运输工具由负责冷藏的公司拥有和使用时才被要求,否则由运输承包商负责。这一过程可能存在的危害是因温度未控制好而导致病菌滋长。

加工流程图符号释义

操作

本符号代表导致材料组成或排列发生有目的的“变化”,使操作更趋向完善的任何种类的操作或系列操作。

检查

本符号代表检查或结果。对材料进行检查确认或核实。

延误

本符号代表当条件不允许下一步计划立即执行时,对材料的延误。不包括任何计划中的、材料物理或化学性质的改变。

储藏室

材料保持未改变的形式、并防止未经批准的移动储藏室。

运输

材料从一个地方到另一个地方的运输。而不是操作过程中的移动,或操作人员在工作岗位上于操作或检查过程中进行的移动。

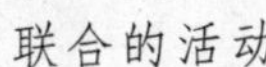

联合的活动

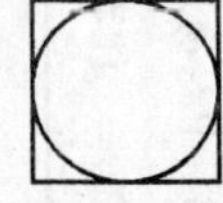

当同时进行或由同一个操作人员在相同的工作岗位上进行活动时,这些活动的符号如图所示,以方块中加圆圈代表联合的操作和检查。

步骤 6 和步骤 7:列出潜在危害,进行危害分析,确定关键控制点

一等纸板箱包装肉品批发。

表 2-3 显示了审核员要看的从危害分析中获得的信息。附件 2-1 中的审核表有助于识别 CCPs。当危害发生的可能性和重要性都很高时,加工步骤就是 CCP(见步骤 8～12)。同样的危害分析可用于分析质量是否符合成品特性。

表 2-3　危害分析:纸板箱包装肉品

步骤	输入[1]	危害[2]	重要性[3]			控制方法[4]
			严重性	危险	重要性	
1. 接收和检查	冷藏肉	M=病原生长	H	H	H	保持温度在 0～5℃范围内
		C=化学残留	H	H	H	从批准的供应商进货
	卸货区域	PM=灰尘和污物	L	L	L	清洁程序
	纸板箱	PM=污物-泄漏物	L	L	L	检查装运
2. 产品称重	磅秤	Q=不准确的重量	H	L	L	校准范围(不是安全 CCP)
3. 运输产品	墙壁/门/封条	M=细菌	H	L	L	清洁程序(不是 CCP)
		X-污染				
4. 储藏	冷藏	M=细菌生长	H	H	H	保持温度
		M=X-污染	H	L	L	库存流动
						清洁程序
5. 运出	运出区域	M=细菌生长	H	L	L	清洁程序
		PM=灰尘和污物	L	L	L	清洁程序

关键词:M=微生物危害　P=物理危害　C=化学危害　PM=物理/微生物联合危害　Q=质量危害(不是食品安全 CCP)

1,2,3,4 参考危害分析表——注释

危害分析表——注释

对于“加工流程图”中的每一步，在准备“危害分析表”时应询问下列问题。这些信息对于控制已知危害所需要的有效 HACCP 计划的发展是至关重要的——不佳的危害分析导致不佳的 HACCP 计划。

1. 本步骤包括什么内容，在加工过程中加入了何种可能引起危害的原料?

在上述例子的步骤一中，包括的内容是指运输工具的物理结构，加入的原料是指纸板箱包装肉品。

2. 加入这些原料导致何种类型的危害?

危害分为三类：生物学类(包括细菌病原、病毒)、物理学类或化学类，并系统地进行评估。在上述例子中，厂房的结构(灰尘和污物)可能引起肉品的物理污染；残留类化学危害，如杀虫剂残留可造成危害；细菌可能不断出现和滋长。

3. 该危害的严重性及其在本步骤中发生的可能性?(已知的危害对产品的重要性是什么?)

这两个问题是危害分析结果的关键。已知危害的严重性与其对消费者的伤害程度有关。就大肠埃希氏菌 O_{157} (*E. coli* O_{157})这样的病原来说，严重性很高。超过设立的“最大残留限量”(maximum residue limits)(MRL)的化学残留通常具有高水平的严重性。纸板箱衬里的碎片(物理危害)可被评估为低-中级严重性。已知危害的危险性与在该步骤中发生危害的可能性有关，同时要考虑厂房的特殊条件。对这些关键问题的回答需要 HACCP 小组对产品及其加工过程有正确认识(参考附件 2-2)。

4. 采取何种控制措施防止、减少或消除危害?

控制措施(亦称防止措施)应根据危害类型及其重要性而定，但在上述例子中控制措施集中于从批准的供应商进货、以正确的温度保存产品、保持厂房符合可接受的卫生标准。在某些情况下，对于一个已知的危害有一种以上的控制措施，相反，一个以上的危害可被一种特殊的控制措施所控制。在某些情况下，由于在该步骤中危害不重要，可能不需要控制措施。

5. 在加工步骤中，是否有后续步骤可使危害消除或减少到可接受的水平?

如果加工步骤中的后续步骤可消除或减少危害，则不需要原始危害点的 CCP，如烹饪或消毒以消除细菌。这样，所需要的 CCPs 数量可减到最小。

步骤 8～12：HACCP 审核表

见表 2-4。

表 2-4　步骤 8～12:HACCP 审核表

步骤[1]	危害[2]	控制措施[3]	CCP[4]	临界值[5]	监控[6]	纠偏措施[7]	记录[8]
1. 接收 (冷藏产品)	病原滋生	保持正确温度	CCP	不高于 5℃	监控物:产品(深层肌肉)(deep muscle) 方法:温度计(参考检测方法 01) 地点:接收地 人员:接收员	禁止:温度超过 7℃ 允许:温度低于 5℃ 保持:温度介于 5～7℃ 隔离产品并在 4 小时内冷却到 5℃以下 通知:违反温度要求的供应商	在接收监控表上记录温度、纸板箱数量和供应商
1. 接收 (产品来源)	化学残留超标	从批准的(注册)供应商进货	CCP	供应商是注册的(是/否)	监控物:供应商的运货单和批准(许可)表 方法:观察(肉眼) 地点:接收地 时间:卸货前 人员:接收员	禁止:产品 通知:州肉品委员会未许可的供应商	运货单

1,2,3,4,5,6,7,8　　参考 HACCP 审核表 — 注释

注意：为确保 HACCP 计划有效、CCPs 恰当、每个 CCP 的临界值能充分控制识别的危害，要建立核实行动独立的时间表(见附加细节的注释)。或者在本表中附加一栏列出核实行动。本表是审核员的首要信息源，也可作为“HACCP 表”或“HACCP 项目总结”的参考。

HACCP 审核表——注释

对于 HACCP 审核表中的每一个栏，应包括下列信息，并采取下列设计以保持阐述的一致性。

1. 步骤编号和名称

加工流程图中的每一个步骤都要转换到 HACCP 审核表，不论是 CCP、CP 或"——"，并按照与流程表相同的顺序编号和命名。这是为了确保加工过程的每一步都可见、可控制，而不只是 CCPs。除了完整的审核表外，也可制作一个单独的只登录 CCP 的 HACCP 审核节略表，这样可简化审核过程。

2. 危害描述

本栏汇总了在危害分析过程中所识别的加工过程每一步骤中的重要危害。要注意对于每一个重要危害至少有一种控制措施。每种控制措施都要分开，因为有不同的监控要求（见下列注释），因此某一步骤的每一个危害都要在 HACCP 审核表中分开。

3. 控制措施

为危害分析图中的每一个危害建立的控制措施都要转换到本栏。如上面所指出的，为达到监控的目的，每个控制措施都要在 HACCP 审核表中分开。

4. CCP

本栏指出每种控制措施的重要性。关键控制点（"CCP"）是"必须做"的控制措施，由危害分析图所得出的危害的重要性决定。控制点（"CP"）是指危害的重要性不高，但要有适当的控制措施。在没有指明控制措施的地方（因为步骤中没有重要的危害），则可在本栏中划"——"（破折号）。

5. 临界值

每个控制措施的临界值阐述了控制的界限和食品安全的界限。当一个控制措施有不止一个临界值时，在 HACCP 审核表中每个临界值必须分开，以确保正确监控。例如，如果控制措施是以废水的"有效氯化"来控制病原，则至少可确定 4 个临界值以确保控制是适当的：氯自由基的浓度（百万分之一）、最小接触时间（分钟）、水的 pH 范围（pH 值）和最高温度（摄氏度）。这些限制中的每一个都以不同的方式监控。切记，每一个临界值必须与控制措施直接相关——如不直接相关，必须重新考虑控制措施，或重新确定临界值。

6. 监控

通过观察和/或试验对临界值进行监控，确定该步骤的加工过程是在控制之中还是控制之外。每个临界值有 5 个关键方面需要确定[参考 HACCP 审核表（附件 2-6）]

（ⅰ）监控什么？这是确定控制措施所针对的目标，应明确确定以便消除任何混淆。如果控制措施是在接收时“保持正确的(肉品)温度范围”以使病原滋长最小化,临界值是低于5℃,则控制措施所针对的目标是卡车内的空气温度、纸板箱表面温度还是产品核心温度?我们把产品(深层肌肉)(deep muscle)温度确定为控制措施所针对的目标。

(ⅱ)如何监控?这是确定衡量“什么?”的方法。在本例子中,“如何?”是根据程序使用“温度计”。在某些情况下,“如何?”可以是“可见的”(检查,工作人员的监控)。

(ⅲ)何处监控?这是确定进行“如何?”和“什么?”的地点。当测量冷藏装置的温度时,要明确:吸入冷凝器的空气的温度,门附近的温度,或冷藏装置内一系列指定位置的温度。

(ⅳ)何时监控?这是确定“如何?”和“什么?”的时间和/或频率。如果能够做到,HACCP 的目标是100%(连续地),如果做不到,则确定时间。

(ⅴ)谁来监控?当执行 HACCP 计划的监控功能时,必须明确由谁执行监控,并通知被指派的人。

7. 纠偏措施

当监控功能发现情况超出临界值时,要想到三个关键方面:

(ⅰ)受影响的产品的处理—— 当发现产品“超出控制”,因而 HACCP 审核表第二栏中指出的危害有可能出现时,如何处理该产品。例如“禁止:温度超过7℃”。

(ⅱ)加工过程的纠正——这是指为防止再次发生加工过程失败所要采取的行动。

(ⅲ)建档——要保留纠正行动的结果,特别是 CCPs 的记录(多在监控表上)。其目的是为了检查,并证明已经采取了与产品相关的适当的纠正行动。

8. 记录

本栏描述用于收集自监控行动的资料的表格名称。在某些情况下,本栏目应包括填写表格的人(特别是当填表人不是执行监控功能的人时,在监控栏指出填表人),及得到完整记录的地点。无论在 HACCP 审核表的什么地方指出 CCP,必须有适当的记录证明该 CCP 得到了控制(无论是产品符合临界值,或是采取了适当的纠正行动)。由 HACCP 小组确定是否需要保留 CCPs 的记录。

9. 核实

核实是与监控相分离的活动,用以确保 HACCP 计划达到食品安全工作所预期的结果;不是仅有流程表和 HACCP 审核表。公司负责建立评估下列内容的行动日程表:

- HACCP 计划总体的充分性。
- CCPs 是适当的(不仅仅是已被确定)。
- 临界值对于控制措施是适当的。
- 审核机构责任确保核实行动的实施。

附件 2-1

CCP决策树

图 2-2 的决策树提供了确定“加工步骤中的危害是否需要在该步骤建立关键控制点”的方法。

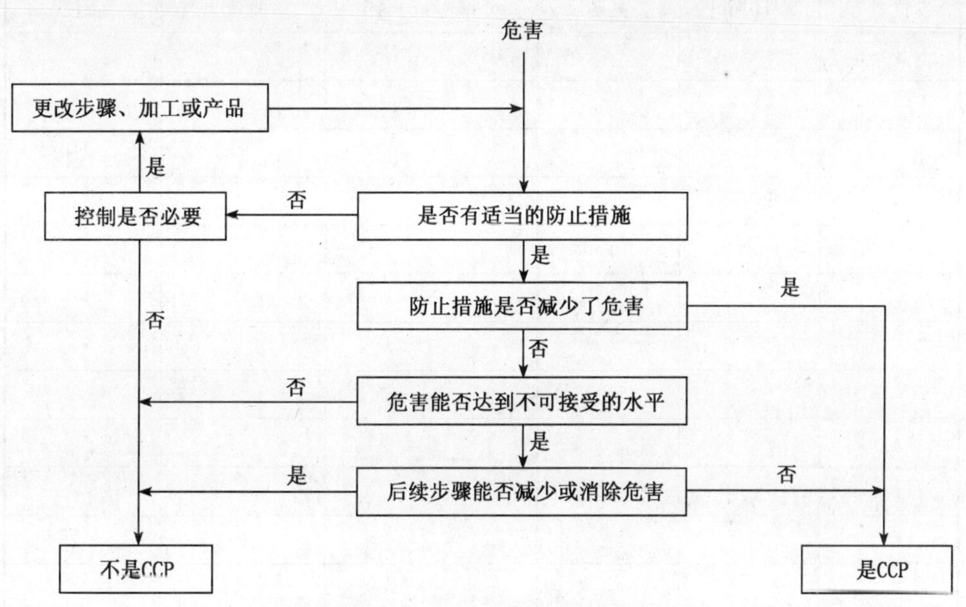

图 2-2 CCP 决策树示意图

然而，注意 Codex 文件特别指出，“不是所有食品操作都有特有的决策树，如屠宰，因此在有些情况下，决策树应与专业的判断连同使用，并进行修正”。

附件 2-2

HACCP 手册修正记录

见表 2-5。

表 2-5 HACCP 手册修正记录

代号	日期	主题	分部号或页码	批准	备注

注释:文件和资料控制基本上是要确保使用的任何文件(内部:如程序和工作指导,外部:比如法定规则、标准、法典和规格)都是最新批准的版本。对用于全面记录 HACCP 计划中所定义的监控行动结果的表格的控制也需要相同的原则。

附件 2-3

CCP 工作指导(实例)

对于 HACCP 计划中指定 CCP 的地方,应提出下列问题:“是否需要配备‘工作指导’,以确保控制措施能够正确进行?”,在多数情况下,答案是“是”。

接收员

- 接收所有进货。
- 当运输车抵达时,随机测量货物温度。

——拒收所有超过 7℃的产品。在“工作日记”上记录拒收产品的纸板箱数量、发货码头和供应商。

——核对 5℃或低于 5℃的产品的重量,并立刻运到冷藏室。在“接收温度监控表”上记录接收温度。

——高于 5℃但低于 7℃的产品在冷藏室中隔离,并尽快降至 5℃。在“接收温度监控表”或“工作日记”上记录货物的详细情况。

——所有违反温度要求的情况都要引起管理者的注意。

- 所有货物都要有“政府”戳记或许可编号,确保产品是在有许可的厂房内制备的。

——拒收不能证明来自有许可的厂房的产品。在“接收温度监控表”或“工作日记”上记录被拒收产品的详细情况,并引起管理者的注意。

- 检查所有货物,确保纸板箱处于清洁完好的状态且不对产品卫生造成潜在威胁。

——将不适于远途运输也不对产品造成威胁的纸板箱隔离在冷藏室,并由于打乱了顺序要对纸板箱进行标记。在“接收温度监控表”或“工作日记”上记录这些纸板箱的详细情况,并向管理者报告。

——不接受严重污染或卫生不健全的州运输的纸板箱。在“接收温度监控表”或“工作日记”上记录被拒收货物的详细情况及供应商的姓名。

- 在每次移动开始时,通过称重“已知”25 kg 砝码校准磅秤,并在“磅秤校准监控表”(scales calibration monitoring sheet)或“工作日记”上记录结果。
- 在每次移动开始时及其后每隔 4 小时,在“冷藏室温度监控表”(chiller temperature monitoring sheet)或“工作日记”上记录外部温度计所指示的冷藏室运行温度。

附件 2-4

CCP 监控表格(实例)

当不可能连续监控某个 CCP 的临界值时,有必要建立监控日程表,表 2-6 能够充分表明危害在控制之下。

表 2-6　接收温度监控表

日期	时间	承运人（运货车注册证）	产品描述	温度抽样结果	纠偏措施	接收员（签名）

附件 2-5

在 HACCP 计划的辅导项目和方案

对所有雇员总体卫生和个人卫生的指导(实例)

1. 防护服:每次开始进行移动时,穿上公司提供的洁净的防护服(包括靴子),防护服要完全覆盖日常衣裤,并且在穿防护服时,不能在地板上弄脏。

2. 手的清洗:在去卫生间后和每次进入(或重新进入)工作区时、在加工产品过程中每次手接触了不洁净的东西时,都要洗手。

3. 手套:在工作需要戴手套的地方,每次开始进行移动时,戴上公司提供的洁净的(或新的)网织或橡胶手套。在工作间歇前,要在消毒器或专门的消毒缸中冲洗手套,并且在移动结束前,不要将手套带出工作区。

4. 围裙:在工作需要穿围裙的地方,每天开始时,穿上新的可处理的或洁净的围裙。在工作间歇时冲洗围裙,并留在工作区(或取新的可处理的围裙)。

5. 刀、口袋、链条和钢制品:在工作间歇期间,如果不是正在磨刀,这些设备必须悬挂在工作区。对于不同的工作,工作间歇期间设备的消毒也不同。有关特殊的细节,请教主管或查看"工作指导"。

6. 头发罩:在工作区,要戴公司提供的无边帽子或可处理的有边的帽子,并将头发塞在帽子里或再戴一个发网。

7. 绷带、珠宝、手表等:如果手或裸露的胳膊上有疮或伤口需要绷带,去找急救官,让其使用防水绷带。通常不能佩带珠宝、手表等,但如果戒指很难取下,可在那只手上戴手套。

8. 靴子的清洗:每次进入工作区时必须清洗靴子,可使用手动喷雾器、机械清洗器或在消毒缸中蹚过。

9. 衣帽柜卫生:保持衣帽柜不会接触脏的防护服、食物残渣和其他会吸引害虫的东西。

批准的化学品列表

列出所有的化学品,并指出其已被批准的证据。

对于每种化学品都指出其用途。该列表作为清洁工"工作指导"的一部分,要说明稀释度和使用方法。这对可能污染食品并作为残留进行检测的危险的有毒化学品尤其适用。

害虫防治

指出从“产品/清洁工作人员观察”到“害虫防治员”的反馈系统。

说明解决生产过程中发生的害虫问题的方法，如苍蝇的防治。

提出承包商(或工人)的方案和所使用的化学品的细节，包括诱饵站简图。

包括一个已完成的报告的实例，并指出发现问题时由谁采取行动。

校准控制

必须保留设备校准数据的记录，例如磅秤、自记温度计、自动氯气控制仪/记录仪、所有温度计(便携式和固定式)等。

——当校准不是由批准的实验室，如 NATA 认可的实验室做出的，则必须描述校准的方法。

——说明设备关键部件及其相关部件定期校准的频率。

——建议遵从《CSIRO 肉品研究通讯》(CSIRO Meat Research Newsletter)第 91/2 号中所描述的温度计校准方法和频率。

指出负责确保被检测设备的每一个关键部分都得出了准确结果的工作人员。

培训

必须保存培训记录，记录包括培训内容、培训日期，并由受培训人员在同一日期签字。应建立并保存雇员的登记簿或来源地及其职位的培训要求。

产品标识

建立明确的准则/程序，确保所有产品都贴有正确标签[产品说明、包装者代码、包装日期/使用截止期(按消费者和规章的要求)、批号(如需要)和其他规定的信息]。

需要使用适当的编码来明确指出工作进展，通过编码可以追踪生产记录。

建立一个能够明确识别分离的/扣留的/隔离的/剔除的产品的程序，该程序要确保这些产品无法返回总生产线。

这些方面对于产品的跟踪和控制是必不可少的。

附件 2-6

术 语

下列词汇选自 the Codex Alimentarius Commission Alinorm 97/13：Annex 1 to Appendix 2。应注意这些词汇是 Codex 最新采用的。

AQL	用预先确定的客观标准(见临界值)进行检查和试验的一批样品的可接受质量水平。
控制(动词)	采取所有必要行动确保并保持符合 HACCP 计划中建立的标准。
控制(名词)	遵从正确的程序并符合标准的状态。
控制措施	用于防止或消除食品安全危害或使危害减少到可接受的水平的行动或活动。
纠偏措施	当 CCP 监控结果显示 CCP 失去控制时,所采取的措施。
CCP	见关键控制点。
关键控制点	实施控制、且必须进行控制以防止或消除食品安全危害或使危害减少到可接受的水平的步骤。
临界值	区分可接受和不可接受的标准。
HACCP	识别、评估和控制对食品安全具有重要影响的危害的系统。
HACCP 计划	按照 HACCP 原则制定的文件,确保能够在食品链中可考虑到的部分控制对食品安全具有重要影响的危害。
危害	有可能对健康产生不利影响的生物学、化学或物理学制剂或因素。
危害分析	收集、评估有关危害和条件的信息,决定哪些危害和条件对食品安全具有重要影响而应在 HACCP 计划中提出的过程。
监控	按照设计的顺序对控制参数进行观察或测量,以确定 CCP 是否得到控制的行为。
步骤	从原料到最后消费,食品链(包括生的原料)中的点、程序、操作或阶段。
核实	除在监控中所使用的以外,其他用于确定符合 HACCP 计划,和/或 HACCP 计划是否需要修改所应用的方法、程序和试验。

附件 2-7

HACCP 计划审核表

见表 2-7。

表 2-7 HACCP 计划审核表

审核日期	审核文件编号
被审核的公司	
地址	
审核员	
电话	
传真	
联系(contact)	
产品	
法人代表	
雇员人数	
技术来源	
要　求	结果/注释
HACCP 小组	
是否任命了 HACCP 协调员？	
是否选定了 HACCP 小组？	
小组的专长和经验是什么？他们是否合适？	
是否使用外援扩大专业知识？(细节)	
是否每个产品都有产品描述/产品说明？	
— 成分	
— 包装(内/外)	
— 保存方法	
— 销售条件	
是否说明了预期用法？	
— 消费者(普通，特定)	
— 敏感人群(老年人、儿童、病人、过敏的人)	
是否每个产品都有流程图？	
流程图是否完整？	
— 是否包括所有的操作步骤？	
— 是否指出了主要原料？	
流程图是否已被核实？何时？	

续表 2-7

要　求	结果/注释
原理 1—危害分析	
是否每一步中的生物学、化学或物理学危害都已被识别?	
是否已评估了危害的重要性?	
是否已建立并执行了控制这些危害的控制措施?	
原理 2—关键控制点	
是否每个重要危害的关键控制点已被识别,并转到“危害控制表”?	
关键控制点对控制指定危害是否是必不可少的?	
是否已为每个关键控制点制定了完整的“工作指导”?	
原则 3—临界值	
是否已为每个防止措施建立了临界值?	
危害与临界值之间的关系是否正确?	
限制是如何确定的?	
实验证据?	
已发表的结果?	
原理 4—监控程序	
监控程序是否指出了“什么”、“何时”、“如何”、“何地”、“谁”?	
监控频率是否足以保证加工过程在控制之下?	
监控记录是否由适当的人员保存和检查?	
手册中是否提供了监控表实例?	
原理 5—纠偏措施	
是否为每一个关键控制点制定了纠偏行动?	
纠偏行动能否确保 CCP 在控制之下?	
纠偏行动是否涵盖了产品、加工过程和防止再次发生?	
原理 6—核实程序	
核实程序是否已被用于证明 HACCP 项目是有效的?	
临界值是否已被批准?	
核实活动是否证明 CCPs 在控制之下?	
核实活动是否证明 HACCP 项目是有效的?	
原则 7—记录保存	
是否已保留了所有监控程序的记录?	
是否所有的临界值都有记录?	
是否已保留了所有纠偏行动的记录?	
是否已保留了所有 HACCP 核实活动的记录?	
文件	
是否有“质量手册”?	

续表 2-7

要　求	结果/注释
质量政策?	
是否确定了程序、工作指导表和说明书?	
是否控制了所有的参考文件?	
健全的生产惯例(GMP)	
是否已确定了 GMP 政策?	
是否有审核 GMP 的系统?	
不符合 GMP 时,是否采取纠正行动?	
是否正在实行 GMP?	
清洁程序	
是否已建立了清洁程序?	
是否已建立并执行了有效清洁的核实程序?	
是否为清洁程序提供文件?	
害虫防治	
是否已建立了害虫防治程序并已形成文件?	
是否有有效鼠虫害防治的核实程序?	
该程序是否包括纠正行动?	
培训	
是否有培训记录?	
是否需要进行定期培训?	
是否有满足指定的培训要求的培训计划?	
校准	
是否已指出了测量设备的校准状态?	
是否有已形成文件的校准程序?	
在设备没有校准期间,是否有检查已生产的材料的程序?	
产品识别	
是否已建立了产品识别程序并已形成文件?	
"剔除"产品是否被指出?	
总评:	
审核员　　　　　　　　　　日期	
接收员　　　　　　　　　　日期	

第三章　母牛-犊牛饲养者的良好生产规范

第一节　清　单

一、动物个体唯一的身份编号

1. 所有新生犊牛都以耳标确立自己唯一的身份编号。在适当的地方使用备份编号，如用金属耳标或刺标配合塑料耳标使用。

2. 所有牛都有自己唯一永久的耳标编号。使用备份标号。

3. 所有牛只转群前采用 CCIA（加拿大牛鉴定局）批准使用的耳标进行身份标记。

二、记录的管理

1. 保留动物配种、死亡、尸体剖检、淘汰、出售、购进、运输、饲料（和饲料配方）以及饲喂状况的记录。

2. 对所有管理步骤和治疗方案（动物个体和群体经注射给药或经采食饲料和饮水给药）进行记录，包括接种疫苗，药物处理（血管注射、经采食饲料给药、经饮水给药），以及去角等其他处理。治疗记录包括动物接受治疗的日期、动物的耳号、动物的疾病状况、所用药品名称、药品使用剂量、给药途径、休药期和治疗实施负责人。

3. 如果不按标签要求（OFF-LABEL）使用动物保健产品，那么就一定存在一个有效的兽医师-顾客-病畜关系以及经过签字的书面处方，所有处方应该记录在案。当饲料中添加药物的种类或剂量与 CMIB 不相符时，还应对饲用药物处方进行记录。

4. 对药品库存记录进行管理（包括饲料药物疗法用药），并定期核对实际库存量。定期复查药品失效期，淘汰过期药物。

5. 饲料原料接收记录包括购进饲料原料的来源（已经证实的）和进场日期及描述。

6. 记录是永久不变而且易于查阅的。用计算机进行记录是一种很理想的方法，使用者可以方便容易地通过计算机查找和搜集到最新的信息。

7. 保持牛存栏记录并且及时更新。

8. 应用标准的治疗方法和管理方法。畜牧场员工要接受掌握这些方法的训练，并且畜牧场根据他们的考核表现决定是否与之继续签约。

9. 所有购入的家畜都要求有各自的历史记录。接收记录包括家畜的来源（已经证实的），家畜进场日期和家畜进场描述。购买的牛在到达畜牧场时要接受检查。

10. 断奶犊牛、后备母牛、泌乳母牛和哺乳犊牛以及种公牛的历史记录（遗传和疾病治疗等）随着交易的达成被传递到购买者手中。

11. 从购买方（肥育场、肉品加工厂）获得的关于育肥牛和种畜（和其后裔）的生产性能及屠体性状的书面反馈，有助于决定后期的遗传改良和管理方案。

12. 淘汰牛的记录包括淘汰日期、动物编号、淘汰原因、出售价格以及送往屠宰场的淘汰牛的处置结果（通过或废弃不用，而且如果是后者，还应记录宣告废弃不用的原因）。

13. 畜牧场中每个人的责任以及相应的工作程序（工作描述）都应该记录在案。

14. 逐渐形成一个描绘畜牧场中所有活动和常规步骤的书面程序表，包括家畜、饲喂制度、动物健康程度、设备装置、设备维修、清洁卫生、粪便处理、害虫控制和人员管理等相关内容。这个程序还应当包括生产过程检测和人员考核的一些生产文献材料或记录，以及处理问题的书面行动计划。

三、装备设施、卫生条件及牛群管理

1. 设计装卸设备时要减少锐角。设计顶门的目的是提供伤害保护的抗撞击作用。

2. 装卸设备要保持清洁和良好的工作状态。要定期对它们进行维护并且在使用之前恢复其正常的使用状态。

3. 工作人员要根据牛的习性对牛群进行友善管理，以免牛和管理者受到伤害。

4. 对包括自愿者在内的所有工作人员进行正确保定动物和治疗技术的培训。

5. 所有设备要保持清洁和良好的工作状态，包括外科设备（如阉割设备和去角器），治疗和饲喂设备（如秤和搅拌机）。

6. 建立仪器设备的保洁程序。

7. 运输卡车要保持清洁干燥。牛的装载数量和类型要与卡车相匹配，以免出现牛过度拥挤造成瘫痪、挫伤淤血、牛肉品质下降和暗褐色次级牛肉等。

四、安全使用动物保健产品

1. 建立有效的兽医师-客户-病畜的关系。

2.所有动物保健产品都应该根据产品标签说明进行使用。根据药物成分概要手册(CMIB)使用饲用药物。

3.只可以购买和使用经过政府部门批准可以用于牛的保健产品。

4.建立一个预防性的畜群健康管理程序。

5.与兽医师一起建立治疗和疫苗接种标准方案,包括饲用药物的使用方法等,并且加以实施。定期对这些方案进行校订。

6.把在畜牧场使用的所有动物保健产品的标签装订成册,以方便随时参阅。

7.保存所有危险品的物品安全数据表(MSDS)。对畜牧场员工定期培训如何正确使用危险品,包括对紧急救援的培训。

8.在实施药物治疗的畜栏处张贴该药物休药期的时间表。

9.当注射药物或进行药物埋植时应正确保定动物。

10.如果在注射时针头在动物体内折断,应该由兽医师进行查找并取出;否则应该告之肉品加工厂,并且将该动物标记为“可疑”送往屠宰场,或者对动物实施安乐死。

11.在进针前应该清洁消毒注射或埋植部位。每头牛使用时,应该把埋植针放在消毒盒中进行消毒。

12.犊牛、母牛和种公牛应该注射所有抗菌剂、维生素和疫苗针剂,并且根据商标说明采用颈部或皮下注射的不同给药途径。所有肌肉和皮下注射药物的注射部位都应在颈部,而不是在臀部最高点或大腿。

13.皮下注射时把动物皮肤提起,斜向进针。

14.每个注射点的注射剂量不应超过10毫升。多点注射的每个注射点应相距2～3英寸。

15.注射不同药品时应分别采用有不同标记的注射器进行注射,例如经过修饰的活病毒毒株可以杀死病毒疫苗。注射器要每天清洗,并且当使用同一只注射器溶解不同药物时也应该进行清洗。弱毒疫苗使用的注射器不能用消毒液进行清洗。由于残留的肥皂可以杀死疫苗,所以只能用清水清洗注射器。

16.采用联管针(双刃针)对疫苗进行还原稀释。

17.1～2小时内未用完的稀释活疫苗和在一天内未用完的灭活疫苗都不应该再继续使用,应该把它们丢弃到专门收集化学废弃物的垃圾箱中。

18.疫苗溶解稀释后必须在1个小时内使用,否则疫苗失活。

19.注射针头不能放回到药品盒中。

20.在使用药品前应仔细阅读药品标签上的使用说明以保障正确用药,包括对症下药、适宜的用药剂量、给药途径、使用频率、持续使用时间、休药期,以及药物的副作用和储存方法。

21. 在动物屠宰前 50 天或者送往屠宰厂屠宰的动物(在经济允许的条件下),应该使用零休药期的药品。

22. 保留动物保健药品的使用清单,并且定期更新。

23. 掌握有关药品质量的信息,包括药品标签、产品序列号、购买日期、休药期以及用药品日期。

24. 尽可能购买可以皮下注射、静脉注射、局部用药或口服给药的药品,而不要选购给药途径为肌肉注射的药品。

25. 所有产品应该根据标签说明分离安置在通风良好、清洁卫生的地点。不能在冰箱中储存加药的饲料。

26. 定期检查冰箱的制冷温度,避免外界环境导致产品失效,例如把活菌疫苗放在卡车加热器或柜台上,或者直接在阳光下暴晒。在给牛群接种时,疫苗应保存在封闭的冰块冷却装置中。

27. 根据标签说明、地方法规和当地兽医师的建议正确处置过期的药物和杀虫剂。

28. 利器(如针头、解剖刀)、注射器和装药瓶应该单独放置在有标签的容器中,不能随意丢弃到普通垃圾箱中。

29. 废品应丢弃到经过核准的垃圾掩埋场、兽医诊所或者由专门废品处理机构进行回收和焚化。

30. 注射针头要经常更换,每使用 10 到 15 次或当针头弯曲、磨钝、出现毛刺以及污染时需要更换。

31. 畜牧场所有员工必须明确不按照标签说明使用药品和导致药物残留的法律责任,并且接受如何正确使用动物保健产品的培训。

32. 必须严格执行所有药物的休药期制度。

33. 对包括临时救援人员(相邻农场员工)在内的所有工作人员进行关于及时发现动物疾病、疾病治疗方案、药品使用、记录的保管以及动物管理技术的培训。

34. 给所有工作人员提供继续学习与动物健康相关问题的机会。

五、淘汰

1. 建立一个标准的动物淘汰方案。根据食品加工者和购买者的反馈意见定期对这个方案进行重新修订。标准的动物淘汰方案包括:动物淘汰的原因;对于淘汰动物是否可以立即上市出售的市场决策;在达到最佳淘汰售出价格前的动物饲养方案(最佳淘汰出售价格由饲料利用率和成本所决定)。

2.建立动物的抢救和紧急抢救方案。

3.建立对瘫痪动物和放牧动物实施安乐死的方案。

4.保留记录淘汰决定和淘汰动物如何处置(根据肉品加工工人的反馈)的档案。

5.淘汰配种成绩不佳、体况不佳或者有滴虫病和慢性病的种公牛。

6.有以下症状的母牛应该予以淘汰:患病、眼瘤、繁殖效率低下、缺乏母性行为、肢蹄病、体况评分(BCS)不合格、牙齿脱落、脾气暴躁、乳腺炎、乳房缺陷、患有不孕症(空怀或晚期断乳)。

7.运到屠宰厂的淘汰母牛和公牛应该是能够运动的。有问题的牛不能上市出售给毫无戒心的购买者。

8.淘汰牛应该在体况良好时适时出售。如果很难达到这一点,淘汰牛将被继续饲喂直至体况良好或者就地对它们人道的实施安乐死,尤其是对于瘫痪的牛而言。

9.当淘汰牛售出时,动物的个体记录也随之传递到购买者手中。

10.尽量使动物的出售应激降低到最小程度。瘫痪的母牛和种公牛被直接装运到肉品加工厂和实施安乐死的地点。淘汰牛要么直接卖给肉品加工厂,要么通过拍卖市场进行拍卖。拍卖市场能够对牛提供良好的管理措施,并且还可以提供饲料和清水以满足动物较长时间的需要。

11.运输淘汰牛时应尽量避免使牛发生瘫痪,或出现由碰撞造成的青淤擦伤和暗褐色次级牛肉。

12.运送动物的卡车司机和卡车都要遵守联邦动物健康规则中关于运输动物的细则以及肉牛饲养法规。用于运输大型母牛和种公牛的卡车应该有足够大的分隔装载空间(宽度和高度都要考虑到),以免造成动物受伤,如青淤擦伤。

13.死亡动物在进行适当的处置之前(如远离公路放置或用遮盖物遮蔽)不能直接暴露在公众面前。

14.根据省、市制定的规章细则对死亡的动物进行尸体掩埋、炼油或焚烧处理。

15.核对并遵守动物健康产品休药期制度,以确保所有的牛在装运前没有药物残留。

六、饲养规范

1.饲养程序的设计方案要求能够满足畜牧场饲养的各类牛的营养需要。随着环境应激(刮风、下雨、下雪或极端寒冷的天气等)的出现,应该对饲养水平进行调整,增加营养需要量,使动物保持健康状态。

2.通过产品循环可以监测动物的体况评分(BCS)。每年至少要进行两次体况评分,分别在断奶和母牛产犊和产犊后6个月时进行。饲养程序根据体况评分结果进行调整。

3.对所有牛进行去角处理，尽量避免占统治地位的牛优先采食的情况发生。

4.如果条件允许，可以根据年龄、体重或体况评分对牛群进行分群管理，以确保所有牛只都可以采食到足够饲料以满足自身的生理需要。幼畜和体重较轻者与成年动物相比，需要额外的营养以满足生长的需求。如果一些身材高大、势力较强的牛限制青年牛接近饲料，那么后者的生产性能可能会下降。例如，在许多情况下，1 岁小母牛和初产母牛与成年家畜分开饲喂的方式可以使前者从中受益。在过冬时，如果 1 岁青年公牛与成年种公牛分开饲养，那么前者在配种时的表现要出色得多。

5.饲料储存设备要保持干燥、清洁并且要不受到药品、杀虫剂、除草剂、化肥、溶剂、鼠类、鸟类和粪肥等污染。杀虫剂、除草剂和化肥的储存地点应远离储存饲料的仓库。遗洒物应该及时打扫。

6.提供的饲草和饮水要保持优良品质，远离污染源并且保护其不受环境所污染；同时对污染情况要定期进行检查。

7.饲喂设施、饲料进料器和饮水器要保持良好的工作状态，必要时应该对其进行清洁与维修，以确保设备正常的使用功能，避免饲料被污染。

8.为了减少加药饲料和未添加药物饲料之间的交叉污染，两种饲料的搅拌、装卸、储存和饲喂设备应该用物理的方法进行冲洗和清洁；每种饲料的生产和饲喂过程应该连续进行；它们的装卸和饲喂设备应该被划分或隔离开；也采用其他同样有效的程序步骤。

9.保存所有饲料配方的记录。

10.牛群不能过于拥挤，要确保每头牛有足够的饲料、饮水和休息空间。

11.建立和实施粪便管理程序，它应包括养分管理计划、冬季储粪地点的管理、控制并防止粪便流入水体的措施（如轮换放牧制度，远离水源、依靠斜坡和篱笆防止牛群接近水源）以及河岸的管理措施。

12.对畜牧场工作人员进行动物饲养技术和饲料品质检测的培训。

13.对畜牧场工作人员进行正确使用、保存及处置杀虫剂和除草剂的培训。

14.放畜牧场应设置在远离饮用水源的位置上，牛群轮换放牧保证了肥料养分的自然传播。

七、饲料的制备

1.应该从有信誉并且实施良好生产规范的供货商处购买饲料和加工设备。接收记录包括饲料来源（已经被确认的）、接收日期以及对饲料的描述。

2.新饲料在到达畜牧场时要进行安全检测并且记录接收日志。对饲料进行抽样并且进行专项检测。

3. 畜牧场内生长的牧草应该在收获后尽快进行抽样检测，分析结果被营养师用来设计冬季饲喂计划。几年以后，本畜牧场草质的数据就可以建立起来，抽样检测的频率也就可以降低。

4. 选取有代表性的干草捆进行称重。

5. 定期进行水源污染情况的检测，以保证员工及家畜的饮水安全（如总颗粒物含量、大肠杆菌数、原虫含量、杀虫剂浓度）。

6. 应该对饲料添加剂名称和相对应储存仓进行准确、清晰标注。饲料的标签应该归档保留以便日后查阅。

7. 营养师应该确保饲喂计划在达到最大经济利益的前提下满足动物的需要。

8. 畜群表现的记录被用来评估饲喂计划，并且对环境污染问题是否恶化进行估计。

9. 营养师定期检查饲喂计划以确定此计划是否仍然能够满足动物的需要。由于管理手段的改变以及饲料原料利用率和成本变化的影响，传统的饲料配方已经不再适用。传统的饲料配方通常比直接以满足动物营养需求为目标的饲料配方成本更高。许多不同的饲料配方都可以达到相同的饲养效果。

10. 使用营养物质注射剂（维生素 A、维生素 D、维生素 E 和硒）会造成动物注射部位的损伤，现在通过在饲料中添加这些营养素可以避免发生这种伤害。

11. 保存饲料添加药物使用的最新清单，并经常与现有的实际清单相对照。

八、产犊

1. 为了减少产犊伤害（如瘫痪）、降低母牛和犊牛死亡率，应该建立一个标准产犊方案，并且由经过正确助产训练的工作人员具体落实实施。

2. 建立一个关于产犊设备、器具、助产、疾病处理和幼犊清洗的卫生计划。

3. 初产青年母牛、二胎母牛和身体瘦弱的母牛应该在产犊前隔离饲喂。

4. 保存产犊记录，其中包括产犊日期、母牛和犊牛的身份编号、顺产情况、犊牛活力、犊牛性别、品种、出生重、父系编号、母牛分娩状况（如母性行为、泌乳能力）以及所有治疗和死亡记录。

5. 通过吸吮、胃管灌注或奶瓶饲喂，尽可能使犊牛在出生后 12 小时以内摄入大约占体重 10％（约 4.5 升）的初乳。从母牛获得的初乳可以冷冻保存，而且最好是从同一个牛群进行采集。母牛初乳的品质反映了牛群预防接种计划实施的质量。

6. 所有新生犊牛在出生时拥有自己唯一的耳标编号以确定身份。最好使用相同编号的备用耳标，同时进行标记或烙印处理。

7. 多次检查母牛是否难产，并对其尽早进行帮助，以免出现产犊并发症，例如分娩母牛瘫痪(一种神经瘫痪症)。

8. 应该从实施良好生产规范且声誉好的人手中直接购买犊牛(避免在拍卖市场选购)。应该随着犊牛的购入获得它的个体历史记录。

9. 用于育肥的小公牛在 6 月龄以前被训练有素的工人采用人道的并已经被公认的方法进行阉割。如果采用无血阉割术，应该至少在阉割实施前一个星期接种破伤风疫苗。阉割过程要严格遵守卫生消毒规程，手术人员的手及所用器具应该在此过程中保持洁净。

10. 所有的犊牛在 3 月龄以前采用有效、人道的方法进行去角处理。

11. 给犊牛提供足够的空间和休息场所，以保证动物的福利并且降低动物患病的危险。

九、育种

1. 通过正式的意见交换和反馈可以获得牛屠体品质和繁殖性能的信息。当对质量遗传性状(眼肌面积、大理石花纹、嫩度和热屠体重)有效时，应该采用屠体的后裔期望差(EPD)对公牛进行选育。选择与母牛相匹配的公牛品种，以减少产犊问题的发生。

2. 经过育种合理性评估，没有滴虫病或类似感染的公牛被挑选出来作为种畜，否则就将被淘汰。

3. 种畜的个体记录(包括遗传学和病原学记录)可以从其以前的畜主处获得。

4. 根据青年母牛的最终使用目的对其母性行为、繁殖力、屠体性状和生产效率进行选择。

5. 青年母牛在配种前于颈部或后肩胛骨最高处接受 7 或 8 种梭状芽孢杆菌皮下接种。

6. 根据疫苗标签说明，使用安全的动物保健产品在牛的颈部注射繁殖疫苗，如牛传染性鼻气管炎(IBR)、牛病毒性腹泻(BVD)、弧菌和滴虫病。

7. 配种记录包括自然受孕、人工授精(AI)和胚胎移植。

8. 犊牛在 3 月龄前进行去角处理。唯一例外的是纯种有角海福特牛。

9. 如果使用公共畜牧场进行放牧，所有相关的牛场必须实施良好的生产规范。关于育种和牛群管理信息的文字记录可以从公共畜牧场获得。

十、哺乳犊牛牛群周转

1. 非育种小公牛在 6 月龄以前被训练有素的工人采用清洁的方法人道的进行阉割。

2.所有犊牛在3月龄以前进行去角处理。检查初生时实施过去角处理的犊牛是否有角基和角根残留。如果存在残留角,则再次进行去角处理。

3.犊牛的所有疫苗接种或治疗必须采用颈部肌肉注射的方式进行。采用抓起皮肤的方法,把可以通过皮下注射使用的药品注射在动物颈部或者肩胛骨最高处后部。如果该产品可以采用静脉注射而不用肌肉注射,那么应该在动物的颈静脉注射该产品。

4.所有梭菌菌苗采用皮下注射的方法注射在动物颈部或肩胛骨最高处后部。

5.兽医师应该建立犊牛和繁育牛群的标准免疫程序。

6.母牛和种公牛在交配前根据疫苗使用说明在颈部接种预防繁殖疾病的疫苗。

7.检查犊牛、母牛和种公牛的耳标以确定每头动物拥有自己唯一的身份编号。如果原来的耳标已经丢失,可以根据后备耳标确定动物身份并继续使用。

8.尽可能避免给犊牛进行烙印标记。如果采用烙印方法,那么最好使用小号烙铁打在肩部或臀部。通常避免烙在肋骨处。

9.根据牛群的使用目的实施埋植程序。工作人员在进行埋植操作前要接受正确埋植技术的培训。当犊牛出售时应该同时为购买者提供该动物埋植药物的记录。所有埋植药物都应该记录在案。为保证埋植技术的正确性定期对埋植工作进行检查。对埋植后出现的任何副作用都应该进行记录,并且定期重新学习埋植技术。埋植操作的正确率应该达到95%。

10.定期给犊牛进行体检、疾病检查、体况评分、祛除寄生虫,并且根据标准治疗方案进行治疗。

11.在转群前建立标准的灭蝇程序(包括皮蝇幼虫的控制程序)。旧的蝇标应该每年取下更换一次,并根据省、市的规定进行处理。

十一、犊牛断奶

1.在幼畜断奶时核对动物存栏记录(对犊牛存活数进行记录)。

2.对犊牛和母牛进行称重,并且检查耳标是否存在。如果耳标丢失,给该动物更换新的耳标。如果新更换的耳标编号与原来的不同,则对新旧编号分别进行核实记录。

3.在妊娠检查时,对青年母牛和经产母牛进行体况评分,并且检查它们的疾病和生理缺陷(如眼瘤、牛大颌病和虱子)。根据检查结果决定该动物是否继续饲养、治疗或者直接淘汰。

4.每年对淘汰牛的交替管理方案(如对淘汰牛进行继续饲喂,以提高其身体状况)进行评估。

5.采用标准的内外寄生虫(蛴螬、虱子、蠕虫)控制程序,并且定期进行检查。

6.采用正确的方法对犊牛进行去角和去势处理。

7.是否做出保留或出售待育肥架子牛的决定要依据“加拿大畜牧场主——质量保障的源头计划”和“育肥牛场优良生产规范”以及“保障育肥动物健康的推荐操作程序”。

8.有质量保障计划的供货商是育肥牛场的首选。

第二节 记录范例

一、产犊记录

见表 3-1。

表 3-1 产犊记录

产犊日期	母牛编号	母牛体况评分*	犊牛耳号	犊牛的父亲	犊牛的性别	犊牛初生体重	顺产情况	犊牛成活	母牛异常问题	评注意见	经手人

● 顺产情况分类

1.无需帮助独立产犊

2.需要轻微拉拽犊牛帮助产犊

3.需要使劲拉拽犊牛帮助产犊

4.胎位不正,需要剖腹产

● 犊牛成活情况分类

1.流产

2.死胎

3.存活,迟钝

4.存活,活泼

5.其他

● 母牛异常问题分类

1.狂躁不安

2.遗弃犊牛

3.不愿意哺乳

4.给其他犊牛哺乳

5.乳汁不足

6.乳房异常

7.子宫/阴道脱落

8.胎衣不下或子宫感染

9.其他

二、个体治疗记录

见表 3-2。

表 3-2 个体治疗记录

畜牧场________

耳号________ 畜栏________ 圈________ 性别________ 类型________

日期	诊断	体温	体重	用药名称	使用剂量	给药途径	注射部位	意见评注	停止给药时间	转圈记录	饲养人员

- 所有肌肉注射药品仅可以在颈部进行注射。
- 每次注射后要检查注射用针，防止针在肌肉中折断。

三、群体治疗记录

见表 3-3。

表 3-3 群体治疗记录

日期........ 畜栏........ 圈........

用药........ 剂量........ 给药途径........ 给药部位........

耳号	耳号	耳号	耳号	耳号

四、处理记录

见表 3-4。

表 3-4 处理记录

畜栏________ 圈________
耳号________ 打耳号的位置________ 耳号颜色________
动物数量 性别 体重 类型 烙印号
处理日期________ 接收日期________
处理信息________
畜栏信息________

处理方法	所用药品	出厂序号	药品失效日期	药品使用剂量	给药途径	给药部位	工作人员	停止用药日期
接种疫苗								
驱除寄生虫								
埋植： 进场埋植 二次埋植								
预防性饲喂抗生素								
其他								

注：其他处理记录（阉割、流产、去角）

____

____

· 所有肌肉注射的药品只可以在颈部进行注射。
· 每次注射后要检查注射用针，防止针在肌肉内折断。

五、药品库存记录

见表 3-5。

表 3-5 药品库存记录

接收日期	产品名称	规格	药品品质	货架号	序列号	药品失效日期	药品使用日期	实际货存量	最初经手人

六、饲料处方记录

见表 3-6。

表 3-6 饲料处方记录

畜牧场主姓名＿＿＿＿＿＿＿＿＿＿ 地址＿＿＿＿＿＿＿＿＿＿

兽医师姓名＿＿＿＿＿＿＿＿＿＿ 地址＿＿＿＿＿＿＿＿＿＿

牛类型＿＿＿＿＿＿ 性别＿＿＿＿＿＿ 年龄＿＿＿＿＿＿ 品种＿＿＿＿＿＿

动物头数＿＿＿＿＿＿＿＿＿＿ 体重＿＿＿＿＿＿＿＿＿＿

饲料类型＿＿＿＿＿＿＿＿＿＿ 饲喂量＿＿＿＿＿＿＿＿＿＿

活性成分的名称	商品名	活性成分克数	产品克数

饲料混合的指导＿＿＿＿＿＿＿＿＿＿＿＿＿＿＿＿＿＿＿＿

饲喂指南＿＿＿＿＿＿＿＿＿＿＿＿＿＿＿＿＿＿＿＿

注意事项＿＿＿＿＿＿＿＿

警告＿＿＿＿＿＿＿＿＿＿＿＿＿＿＿＿＿＿＿＿

生产指南＿＿＿＿＿＿＿＿＿＿＿＿＿＿＿＿＿＿＿＿

重复使用的次数：一次＿＿＿＿＿＿＿＿ 两次＿＿＿＿＿＿＿＿ 或＿＿＿＿＿＿＿＿次

日期＿＿＿＿＿＿＿＿＿＿ 签名：＿＿＿＿＿＿＿＿＿＿兽医师

畜牧场主 / 兽医师签字＿＿＿＿＿＿＿＿

＿＿＿＿＿＿＿＿＿＿＿＿＿＿＿＿＿＿＿＿＿＿＿＿＿＿＿＿＿＿

处方饲料是根据有行医资格兽医师的书面处方配制而成含有药物添加剂的加药饲料。兽医师可以不依照 CMIB 批准的药品剂量和药物配伍开处方，并且仅可以在一段有限时期内治疗和诊断特殊疾病时使用。处方饲料必须仍然符合饲料法规中的常规标准，并且在其处方中必须注明休药期，以防止有害物质残留。

饲料法规要求兽医师开出的饲料处方中包括以下信息：①开处方的日期；②饲料混合者和使用者的姓名及地址；③药物成分的名称和添加水平；④加药饲料的名称和饲喂用量；⑤采食处方饲料家畜的数量、种类、年龄和体重；⑥专门的生产指南；⑦饲喂指南，包括加药饲料的使用期；⑧必要的警告和注意事项；⑨兽医师的签名；⑩签署一段表明接受和使用饲料的顾客理解上述说明的文字(如果兽医直接把处方开给饲料制造商并且确信他能够理解这些说明，就不必签署这段文字)。

七、进场饲料库存记录

见表 3-7。

表 3-7 进场饲料库存记录

日期	饲料来源	饲料描述	品质鉴定	最初经手人	采样是/否	检测是/否	意见

八、药物使用记录

见表 3-8。

表 3-8 药物使用记录

日期	使用的药品及浓度	出厂序号	初始重量	记录重量	已用重量	终重（计算值）	实际重量

九、样品分析目录

见表 3-9。

表 3-9 样品分析目录

取样日期	送交样品日期	结果记录	样品编号	样品描述	取样地点（畜牧场、青贮窖、料仓等）	样品是否存留	实验室

第四章　育肥牛场良好生产规范

第一节　清　单

一、肉牛育肥场的管理

1.肉牛育肥场应保留每个人所承担责任以及他们所从事工作（如工作描述）的记录。

2.制定一个书面计划来描述肉牛育肥场所有的规章制度，其中包括那些与动物、饲料/饲喂、保健/药物、设施、仪器维护、卫生、粪便管理、虫害控制以及人员等相关的内容。这个计划还应当包括一些用来监测和核实加工过程和人员的生产证明书或记录，以及一个用来解决各种问题的书面行动计划，其中包括诸如顾客的抱怨。参照推荐的有关肉牛育肥场动物保健的操作办法来制定更具体的细节。

3.教育职员履行任务书和所有记录制度上规定要求。

4.实施职工岗位培训计划，无论是长期还是临时工作人员，使他们清楚各自的岗位责任要求，避免发生牛和工人的安全问题。由于新知识的不断涌现，该培训项目必须定期更新。

二、接收

（一）动物接收

1.动物必须从持有农场质量保证书的个人手中购买。上述计划包括牛只唯一的个体身份识别号码，这是由加拿大肉牛鉴定机构所要求的项目。

2.所购买的动物都必须保持健康状态（如沙门氏菌感染的危险）。

3.保留一个记载牛的来源、日期以及牛特征描述的接收记录报告。

4.所有牛只一经到达，必须立即进行检查。

5.必须获得动物健康史的记录，其中包括治疗、埋植以及疫苗接种记录。

6.不同来源的牛只尽量不混群，以减少疾病感染的机会（如沙门氏菌）和减少抗菌剂的使用。

7.两次运输之间，运牛卡车必须安检和清洗。

(二)饲料、水和垫草的接收

1.饲料包括添加剂和垫草必须从信誉好的供销商处购买,因为他们的管理规范良好。

2.记录、检测并核实购买物的各项指标。

3.保留一个记录有饲料来源、日期以及饲料描述的详细接收日志。

4.饲料,包括所有未加工的原料和垫草,一到达就必须接受安全检查。在适当的地方采样并检测(如木条中不应含 PCP 防腐剂)。如有必要,需要保存饲料样本以备将来进行可能的分析。

5.对运料卡车进行污染检查。

6.为安全起见,水源也需检验(如大肠杆菌、杀虫剂等)。

(三)药物的接收

1.保存接收记录。

2.只能购买政府批准的牛保健药物产品。

3.要求从销售有害化学物质的分销商处索取物质安全数据簿(MSDS),并存档保存。

三、设施与贮库

(一)动物

1.管理设施方面,包括加工区和治疗区、饲喂栏和工作人员洗浴间等,都应当合理设计,并保持清洁,以保证牛和工人的安全。

2.加工和治疗设备应靠近水源,以便清洁卫生。

3.不同牛栏的病畜应尽量不混群,以减少疾病的蔓延和减少抗菌剂的使用。

4.死亡的动物应根据地方政府立法的规定,通过熬油、掩埋、堆肥或焚烧等方法进行处理。

(二)饲料、水以及垫草

1.根据标签的说明和营养学家的建议储存饲料。

2.饲料储存区只能用来储存饲料原料。

3.储存区和储存容器应保持清洁、干燥并免除污染(药物、杀虫剂、肥料、溶剂、啮齿动物、鸟类、粪便等),撒溅的饲料应立即清扫干净。

4.水源和水槽应保持清洁并免受污染。

5.只有饮用水可与饲料或饲料原料一起使用。

6.饲料添加剂应当同别的饲料分开储存,以防交叉污染。

7.饲料添加剂和贮料仓应当正确而清晰地加以标记。

8.对饲料设备(包括秤、混合机、料仓、卡车、饲槽和水槽等)进行适当清洁和维护,以确保其发挥正当的功能并避免饲料污染。

9.为了防止饲料污染,应限制闲杂人员和参观者的进入。

10.保存当前饲料投放清单,并同现有实际清单作比较。

11.再加工饲料、返回产品和冲洗的物质应当正确地标明、储存和使用以防污染别的饲料。

12.对畜舍、青贮窖、沉淀池和另外的粪便堆贮区应当进行合理设计、清理和维护,以防污染物流入水源,渗漏进地下水,并从外面来源中流出。

13.合理储存垫草,减少同其他动物粪便的污染。

(三)药物

1.保存一个包括杀虫剂和农药在内的动物保健品流动记录。

2.根据生产商的指导,对所有产品进行适当标记和储存。

3.保护并维持储存区清洁。

4.保持设备(如注射器、埋植枪、针头)的洁净。

5.用过的和过期的产品,包括利器等,应当根据产品标签提供的说明和地方政府关于有利于环境安全的规章制度进行处理。

四、处理方法

(一)动物

1.如果没有标记的话,动物一经到达,必须建立一个唯一的和永久性的身份编号。

2.采用的处理程序和治疗制度必须符合标准化要求。

3.所有的处理程序(包括免疫接种、埋植、寄生虫防治、个体和群体投药)和治疗(个体和群体)都应记录,并由工作人员签字。记录内容包括日期、动物身份号码、治疗及其原因、药品名称、使用剂量、给药途径、停药日期和准许交易日期。这个信息也被提供给下一个买主。

4.妥善处理好兽医-病畜-顾客三者之间的关系。

5.根据标签的说明书指导正确使用动物保健品。这包括产品使用的准确剂量的确定,确定根据是动物的当前个体体重,而不是群体的平均体重。

6.如果使用的动物健康产品缺乏标签,那么就会有一个兽医-顾客-病畜关系问题。兽医应开列处方、签字并备案。

7.任何动物进入屠宰厂之前,都应有一个休药期,并予以检查确认(包括接种免疫、寄生虫治疗,包括个体和群体给药,如通过注射、拌入饲料、加入饮水等)。

8. 对临近屠宰的动物，只能使用那些零休药期的保健产品。

9. 好的牛群健康计划应当保证动物具有较少的疾病感染机会，因而抗菌药物的使用量也必然减少。只有那些必须用药的动物才考虑用药治疗。

10. 对长期患慢性病动物来说，在屠宰之前需要考虑进行药残检验（如活体动物拭抹取样化验，简称 LAST）。

11. 为了减少针头折断的情况发生，要对动物进行适当的保定处理；选择颈部进行注射，这样即使针头折断也易于找到发现；使用大小合适的针头；勤换针头；弯的，粗糙而钝针头应立即更换。

12. 如果针头断于动物体内，应由兽医找到并取出；否则，应通知装运工把动物作为可疑对象送屠宰厂，或者给动物施行安乐死术。

13. 记录动物的药物反应情况，并向兽医师报告。由兽医师完成报告后向兽药局提交表格。

14. 通过选用洁净的针头和注射器、在皮肤干净的区域注射、每个部位注射量不超过 10 mL，以及选择与组织亲和性好产品等措施，可以减少注射区发炎化脓情况的发生。

15. 采用适当的方法处置那些不能行动的和患有慢性病的动物，避免将病牛送往屠宰场。

（二）饲料、水和垫草

1. 饲料中药物成分的添加应当符合药物添加成分手册概要（CMIB）的规定。

2. 添加药物的饲料配方应由营养专家或兽医师来决定并确认准确剂量、混合均匀度及使用方法。

3. 只有在必要时才在饲料中添加药物，而且不能用它作为良好畜牧饲养业的替代物。

4. 所有饲料添加药物必须记录在案。

5. 当使用的添加药物不属于药物成分手册概要中规定的药物时，必须由兽医师开列饲料添加药物处方。

6. 避免使用无标签的饲料添加剂。

7. 为了避免把饲料搞混，圈舍应清楚而明晰地标记。

8. 为减少泥土污粘皮毛，饲养圈应合理设计以利于排水。

9. 所有饲料产品和饲料配方包括饲料添加药物都要有记录。采集有代表性的样本（进行测定），以确保加工工艺和饲料能够满足标准要求。

10. 饲喂量记录要妥善保存，包括运进量和运出量。

11. 为了减少添加药物和非添加药物饲料的交叉污染，对混合、加工、储存和饲喂设备应采取物理手段冲洗或清洁；生产和饲喂要有序进行。加工和饲喂设备应隔开或分开；或者采用其他同样有效的管理办法。

12. 如果采用饮水系统给动物提供药物，那么一定要调整水流大小以确保剂量准确。应当冲洗或清洁饮水系统，避免发生污染和给药过多问题。

13. 运送饲料和运送死亡动物要用不同的运输设备；或者分先后顺序使用；或者在不同用途之间对运输设备进行彻底清理和消毒。

（三）药物

1. 根据标签说明来使用动物保健产品。

2. 记录用药的各项内容，包括动物身份号、治疗日期、药物种类、剂量、使用条件及停药日期。定期对员工进行合理使用有害物质的培训（MSDS），包括急救方面的培训。

第二节　分记录示例

一、药物饲料处方

见表 4-1。

表 4-1　药物饲料处方

畜主＿＿＿＿＿＿＿＿＿＿　地址＿＿＿＿＿＿＿＿＿＿
兽医师＿＿＿＿＿＿＿＿＿＿　地址＿＿＿＿＿＿＿＿＿＿
牛种类＿＿＿＿＿　性别＿＿＿＿＿　年龄＿＿＿＿＿　品种＿＿＿＿＿
动物号＿＿＿＿＿＿＿　体重＿＿＿＿＿＿＿
饲料类型＿＿＿＿＿　数量＿＿＿＿＿＿＿

活性成分属名	商标名称	活性成分克数	产品克数
＿＿＿＿	＿＿＿＿	＿＿＿＿	＿＿＿＿
＿＿＿＿	＿＿＿＿	＿＿＿＿	＿＿＿＿
＿＿＿＿	＿＿＿＿	＿＿＿＿	＿＿＿＿

混合说明＿＿＿＿＿＿＿＿＿＿＿＿＿＿
饲喂指导＿＿＿＿＿＿＿＿＿＿＿＿＿＿
注意事项＿＿＿＿＿＿＿＿＿＿＿＿＿＿
警告＿＿＿＿＿＿＿＿＿＿＿＿＿＿＿＿
生产说明＿＿＿＿＿＿＿＿＿＿＿＿＿＿
重复　一次＿＿＿＿＿＿二次＿＿＿＿＿＿或＿＿＿＿＿＿次
日期＿＿＿＿＿＿签名＿＿＿＿＿＿＿＿
畜主/兽医师签名

处方饲料是指加入药物的饲料，这些饲料根据有行业资格的兽医师开列的书面处方来生产。兽医师开列的药物添加水平或组合可以有别于药物成分手册概要所批准的内容。但是，这仅限于特定的确诊的病理条件下使用。饲料行业规定所要求的标准一定要得到满足，处方上列出的休药期必须保证能防止发生药物的有害残留。

饲料行业规定要求兽医师开列的饲料处方包括以下信息：①开列处方的日期；②混合饲料和意欲使用饲料的用户的姓名和地址；③药物成分的名称和添加剂量；④含药物饲料的名称和数量；⑤饲喂家畜的数量、种类、等级、年龄或体重；⑥如需要，具体的生产说明；⑦饲喂说明包括含药物饲料的使用期限；⑧必要的注意事项和警告；⑨兽医师签名；⑩注明接受和使用含药物饲料的用户已理解说明（如果兽医师直接给饲料生产者开列处方，并且农场主已经懂得有关知识，那么就没必要做标注）（参见兽药产品概要）。

二、处理记录

见表 4-2。

表 4-2 处理记录

栏位________原产畜场________________________

标签次序________标签位置____________标签颜色________________

头数______性别_______体重_______类型________标号_______

处理日期______________到达日期______________

处理信息________________

栏位信息________________

处理	产品	组别系列	期满日期	剂量	途径	位置	最初人员	休药期
预防接种								
寄生虫处理								
埋植 到达时 再次埋植								
预防性抗生素添加								
其他								

注明其他处理（去势、流产、去角等）

- 所有肌内注射药品要求仅在颈部注射
- 每一次注射后都对针头进行视觉检查

三、个体处理记录

见表 4-3。

表 4-3　个体处理记录

育肥场________

标签________ 组别________ 畜栏________ 性别________ 种类________

日期	症状	体温	体重	药物	剂量	途径	注射部位	备注	停药日期	畜栏移动	最初人员

- 所有肌内注射药品要求仅颈部注射
- 每一次注射后都对针头进行视觉检查

四、群体处理记录

见表 4-4。

表 4-4　群体处理记录

日期________ 组别________ 畜栏________

产品________ 剂量________ 途径________ 位置________

耳标号	耳标号	耳标号	耳标号	耳标号

五、药物清单记录

见表 4-5。

表 4-5 药物清单记录

购买日期	药品名称	规格	数量	批号	序号	失效期	使用期	实际库存	经手人

六、饲料投药记录

见表 4-6。

表 4-6 饲料投药记录

药物 ____________________

生产者 ____________________

供应者 ____________________

接收日期 ____________________

畜栏或批号 ____________________

收到数量 ____________________

七、清单

见表 4-7。

表 4-7 清单

日期	牛栏号	数量	进出余额	实际存货	最初数量

八、饲料混合与顺序记录

见表 4-8。

表 4-8　饲料混合与顺序记录

日期	日粮	生产数量	混合人	目标畜栏

九、日粮描述记录

见表 4-9。

表 4-9　日粮描述记录

日粮号	购买或制造	微量(M) 预混料(P) 添加料(S) 全价料(C)	供应商	所添加药物	数量	休药期 (天)

十、收到不符合要求的饲料原料报告

见表 4-10。

表 4-10 收到不符合要求的饲料原料报告

原料名称____________ NRC 注册号____________

供应商____________ NRC 接收日期____________

承运商____________ 报告人____________

司机姓名____________ 合同号____________

饲料原料被拒绝的原因

水分％□	杂草种子□	霉菌毒素□
测试重量□	外来种子□	营养□
掺和□	有毒种子□	白利克□
外来物质□	化学物质□	杂质□
筛屑□	异常构造□	啮齿动物污染□
废料□	异色□	发霉□
活昆虫□	异嗅□	其他□

检验结果和评述：____________

立即纠正措施：____________

批准人：____________

参考：控制饲料质量的生产规范

饲料来源记录

早期记录的实例应当以分开的方式保存，而且将它们存入磁盘以提供给那些希望以此为标准的电脑操作员使用。诸如列在下面的附加记录也值得考虑，以提高管理清单和事务的能力。

参见：控制饲料质量的生产规范

十一、饲料来源记录

见表 4-11。

表 4-11　饲料来源记录

1. 谷物接收
   - √ 运达日期
   - √ 谷物类型
   - √ 称重记录
   - √ 供应商
   - √ 承运商
   - √ 运送数量
   - √ 水分含量%
   - √ 重量
   - √ 检验
     - ■ 没有活的昆虫
     - ■ 无变色
     - ■ 无异味
   - √ 混杂度
     - ■ 外来物质
     - ■ 筛屑
     - ■ 废物
     - ■ 杂草种子
   - √ 同意接收与否
     - ■ 是
     - ■ 否
   - √ 采样留存
   - √ 采样送实验室分析
   - √ 储藏(谷仓或罐)
   - √ 经手人

2. 粉料和其他饲料原料
   - √ 运达日期
   - √ 原料名称
   - √ 称重记录
   - √ 供应商
   - √ 承运商
   - √ 运送数量
   - √ 水分含量%
   - √ 白利克糖度
   - √ 检验
     - ■ 无异味
     - ■ 无变色
     - ■ 合适的结构
   - √ 同意接收与否
     - ■ 是
     - ■ 否
   - √ 采样留存
   - √ 采样送实验室分析
   - √ 经手人

附件 4-1

饲料质量保证原则

一、饲料质量保证原则

一个有效的肉牛品质保证计划是对所有个体生产的饲料、购入的谷物和其他饲料原料,以及全部饲料提供质量保障。

益处

1.确保提供高质量的饲料。

2.尽可能追求最大生产效率,并且使与饲料配方、混合、储存、装卸和饲喂过程有关的饲料损耗量降至最小。

3.防止采食饲料的家畜出现健康或药物残留等问题。

4.当你因饲料问题导致的动物出现死亡或疾病、生产性能下降或肉中药物残留而造成的负债和经济损失需要寻求赔偿时,会有必要的证明材料。

二、质量控制原则

保障饲料质量是每个生产者应该首先考虑的问题。它意味着从饲料原料的购入到运输之间的每个生产层面都应该对饲料的质量倍加关注。质量保证也是一系列操作程序,它涉及到了饲料生产过程中的每一个人(包括从饲料原料的采购员到运输饲料成品的卡车司机)。作为消费者或畜牧场饲料混合工人,你的饲料质量控制程序仅是一个商业饲料场质控程序的简化版本。

对任何饲料生产者而言,最重要的是能够详细到在整个生产过程中使用的每一种饲料原料。在质量控制过程中对每一种进场原料和饲料成品有代表性的抽样是至关重要的。抽样样品应该标明来源和取样日期。

如果一车饲料都出现问题,那么应该保留样本送到实验室进行分析,以确定问题的产生原因,并且确定采取什么补救措施。同理抽检样品的合格记录,可以帮助你管理饲养程序。

目视检查

为了避免潜在的问题发生,当接收饲料和配合饲料时应该进行目检。目视检查可以提供许多有价值的信息。你可以在加工处理产品前通过目检了解该产品,尤其是可以发现因收获或储存不当而出现的问题。

在收获前对农作物进行化学处理以及在储存谷物时加入杀虫剂，都是造成残留的潜在因素。发霉的气味、外观变色以及细小的黑斑都可以显示出谷物的霉变情况。

霉变的饲料降低了饲料的营养价值，其适口性也会受到影响，而且还可能有毒并且导致人和动物出现呼吸障碍。一些霉菌毒素，如黄曲霉毒素可以在牛肉中残留。

出现其他杂质或者饲料品质较差(如发霉、潮湿、褪色等)时，可以考虑退货。

接收产品时必须检查的项目

1. 对所有购买的谷物进行称重。

2. 颗粒饲料的制粒程度；碾压谷物的质量。

3. 颜色。典型颜色，有光泽且颜色均匀。

4. 气味。清新，典型。

5. 霉菌。外观没有霉菌斑；不散发霉菌气味。

6. 湿度。没有液体流出，没有结块，无湿斑。

7. 温度。没有热痕和发热迹象。

8. 质地。较好并且均一。

9. 清洁度。没有其他杂质如泥土、石块、金属等，并且没有受到鸟、啮齿类或昆虫污染的迹象。

10. 饲料的装货单据和产品标签按饲料规程核对无误。

11. 畜牧场所有用于运输和转移饲料的设备以及料仓都要保持清洁、干燥，并且不受污染(如处理过的种子、肥料等)。

取样和记录

这些是质量保障计划中至关重要的内容，对于购买大批量谷物和饲料的业务尤其重要。详细的记录并不需要花大量的时间，但却是非常重要的。

坚持对每批货物的日期、来源、描述、进货量以及其他相关信息进行记录。根据饲料法规，每车配合饲料必须同时带有饲料标签，这也被包括在记录之中。畜牧场标准取样工具是干草取样器(牧草管取器)和袋装饲料的取样探筒(取样管)。第三种工具是生产者不常使用的谷物取样槽，但这种工具对于那些经常在整车饲料和大体积料仓取样而言是十分适用的。

对每一车饲料、谷物或饲草都进行检测既不实际，而且在经济上也不可行。但是，通过保留样品和记录正确的鉴定，可以使经营活动得以保障，并且使饲料的检测和可能发生问题的诊断得以实现。

一些与污染、营养素缺乏或营养素中毒有关的健康问题可能是在很长一段时间内逐渐加重的，通常情况下病情不宜察觉，即使发现也很难再找到当时的饲料样品了。这需要引起小型牛场主的特别关注,因为某一单批饲料也许能使用一段较长的时间。

理想的检测需要较大的取样量大,但是如果必须抽检许多车饲料时,大样本取样就不现实。如果购买的饲料量有限,那么应该从每车饲料中采取较大的样本量(2～5 磅或 1 000～2 500 g),同时标记并保存。

如果购买了相当多卡车的饲料,那么应该从每车饲料中取样量较小(采用蒲氏耳重量计量法进行取样)。每个饲料样本用小塑料容器或塑料袋隔离保存;或者把相同饲料或饲料原料的样本充分混合在一起放置一个月,保存有代表性的样品。

预混料和饲料添加剂也要进行取样。产品制造商的样品保存期为 3 个月到 1 年。如果出现问题,且万一饲料场的样本丢失,或在运输过程中污染,或要求进行独立分析,产品制造商可以为饲料分析提供样品。

对饲料和饲料原料进行取样和检测的益处

1. 确保在饲料进场时能够发现存在的问题,并且能够对品质不好的饲料及时退货。

2. 通过饲料最初的进场检测,能够发现饲料间的交叉污染和劣质饲料(如饲料湿度过高,发生霉变或重量不足等)。

3. 根据样品检测结果制定饲粮配方。

4. 如果动物采食后出现营养性疾病,能够对保留的样品进行饲料分析。

5. 饲料分析结果通过排除导致患病的营养因素,有助于动物病情的诊断。

怎样对饲料进行取样

取样的目标是获得能够代表每车饲料平均质量的样品。因为对于同一运料车、料仓、货台、干草捆或青贮窖而言饲料组成可能有较大的变化,所以多次取样并混合是非常重要的。

1. 当饲料或饲料原料准备装运时,是取样的最佳时间和地点。加拿大食品行业联合会(CFIA)推荐,尽可能使用谷物取样槽从运料卡车(或散装箱)中取样。卡车装载的饲料应该采用对角线取样法从五点进行取样。如果无法做到,也应该在卸料时等时间间距至少取 4 次样品(总体积为 1 L 或 450 g)。

2. 对装有谷物、商品日粮或添加剂的散装箱进行取样时,应该从卸料开始等时间间距至少取 4 次样品(总体积为 1 L 或 450 g)并混合。如果可以从料箱直接取样,那么用取样槽在料堆的侧面和中间部位取 20～25 个样品。

3. 对袋装饲料进行取样:用取样探管刺透袋子取样,并在取样后重新密封或用胶带将取样孔封死。堆垛的袋装饲料取样应在饲料袋装运或卸货时进行(总体积为 1 L 或 250 g)。

4.对农场自己混合的饲粮进行取样：在3次饲喂时进行取样，即在每次饲喂时取3到5个样品并混合均匀(总体积为2升或900 g)。

5.对堆放干草进行取样：从每堆干草的多个部位采取草堆中心的样品(Norwest实验室推荐从15～20个部位进行取样)。如果可能，取样的总体积应该为2 L(900 g)。由于可以防止牧草叶片损失，所以用牧草取样器采集的样品比直接用手采集的样品更有代表性。一些实验室只对使用了牧草管取器采集的样品进行分析。

6.对青贮进行取样：采集3车以上的青贮样品，每车青贮取3～5个样品并混合(总体积为2 L或900 g)。把采集的样品放在密封的塑料袋中冷冻保存或立即进行分析。如果没有立即冷冻保存，对青贮品质的许多分析，如pH值等将受到影响。对于制备青贮用的牧草，应该用牧草取样器从每车取样，密封在塑料袋中冷藏保存(如果取样仅1～2天)，或立即冷冻。把采集的样本合并后充分混合，从中再取450 g立即进行分析或冷冻保存。

7.由于饲料原料相分离以及其他因素的影响，所以并不建议从料槽或其他饲料分送器中采集样品。

8.在原料目录表中清晰地标注饲料样品的采集日期、产品名称、来源或对照参数编号。不要用记号笔写在塑料袋上，因为墨水会被饲料中所含的油脂涂抹掉，使鉴定标记丢失。样品应该储存在凉爽、干燥、没有虫害的地点。高温、高湿或霉菌生长都会使营养价值受损，使样品失去储存意义。有盖子的桶以及有盖子的垃圾箱都可以作为储存容器。

9.识别送去分析的样品，可以使用样品编号或样品分析记录的对照参数编号(见第2部分)。这比对样品进行详细的描述更为适用，因为实验室不可能把所有的内容记录在其数据系统之中。

10.取样的大小根据使用方便和存贮空间的大小而定。但是如果某种饲料被怀疑存在问题，那么就应该大量多次取样。也许有必要把样品送到多个实验室或机构去，并且一旦怀疑饲料被污染，这些实验室或机构往往还需要大量样品进行分析。如果某项分析内容(或组分)非常关键，那么应该保留一部分样品，以防它在转移过程中损失。

饲料、饲料原料和水质的检测

要想使营养程序发挥最佳功效，就应该定期对饲料进行检测。饲料检测实验室和环境检测实验室将提供有关取样程序、适宜容器以及饲料、水和油最佳送检方法的相关信息。这些实验室还经常提供采样容器并预付运费。

牧草样品采用标准的实验室方法(湿样化学检测法)或近红外法进行分析。近红外检测法的使用应该小心谨慎,并且只对适用此方法的牧草进行检测。应该牢记,近红外检测法不适用于混合饲料或非常规饲料。对于异常的近红外检测结果,应该同检测实验室或营养师进行研究,并且采用标准的实验室方法进行校正。

水质的好坏可以影响动物的健康、生产性能以及动物的营养状况。在诊断许多健康或营养问题时,水质的分析是一个很重要的方面。考虑到水质会出现季节性改变,尤其是地表水,每年应该对水质的进行多次分析。根据水中组成成分的改变,家畜的营养程序也许需要进行适当调整。

许多实验室、家畜养殖顾问和营养师都可以对解释实验分析结果提供帮助。

饲料的混合

各种饲料搅拌机的工作效率和混合时间有所差异。搅拌机的工作效率受到很多因素的影响,例如,搅拌机种类、磨损和维护程度、饲料在搅拌机中或搅拌叶片上的堵塞程度以及需要混合的每批饲料量等。研究表明,某台搅拌机的最佳混合时间只有经过对它的测试后采可以确定。同样,如果不考虑搅拌时间,一些搅拌机就不能把饲料混合均匀。如果要售出饲料或混合药品,那么通过对搅拌机进行效率测试以确定最佳混合时间是必备的工作规范。

对搅拌机工作效率的测试至少应该每年进行一次,并且在对搅拌机进行调整、重新安装配件(发条、螺丝钉或搅拌器叶轮)以及改变工作程序时及时进行测试。对搅拌机工作效率的测试是通过搅拌机在一定搅拌时间的加料与卸料的相同时间间隔内连续搅拌 10 种样品后再进行分析来完成的。测试所使用的饲料配方和测试的饲料原料或营养成分(例如药物或盐),应该满足方便测定的要求。

可以向搅拌机制造商或加拿大饲料行业联合会质量保证标准处来咨询其他更多的信息。一些饲料检测实验室具有搅拌机工作效率测试分析程序包,并且还可以提供关于工作方法的相关信息以便应用。

保证

1. 明确饲料配方并保证是最新的配方。

2. 对当前使用和曾经使用过的饲料配方进行记录。

3. 确保混合饲料配方详细记录了饲料中各种微量成分的使用浓度。

4. 确保工作人员知道有多种微量成分(维生素、药物、微量矿物质元素、硒)存在不同浓度水平的商品可以选购,并且应该根据饲料配方核对产品标签,当使用新购买的产品时尤为重要。

5. 根据使用目的不同确定秤的量程,并且定期对其准确性进行校对。漏斗式定量秤的称量准确度是其容积的 0.1%(或每 2 000 kg 货物重量上下相差 2 kg)。对于称量大量饲料原料而言,这种精确程度已经足够了;但对于低添加水平的组分，如维生素、矿物质或药物预混料而言，该精确度很难满足要求。

6. 使用专门为准确称量少量饲料而设计的秤来称取微量成分。

7. 明确标明所有饲料原料仓和微量成分仓。

8. 每种产品使用单独的料铲。

9. 在微量成分的包装袋或包装箱上除了注明产品名称外，还应该在合适的地方详细标明产品的浓度。

10. 不能使用包装袋上没有标记的产品。

11. 多数或全部使用量大的饲料原料应该在加入微量成分前添加到搅拌机中。

12. 每批饲料混合量应该与所使用搅拌机的型号相匹配。搅拌机既不能加料过多，也不能加料过少。

13. 充分混合饲料。这对于添加浓缩药物或微量营养元素的混合尤为重要（例如混合莫能菌素浓缩料，而不是蛋白质含量为32%的含莫能菌素的蛋白质添加料）。对于在畜牧场进行饲料混合而言，使用稀释的预混料比使用浓缩预混料更为安全，尤其是当不能确定搅拌机工作效率时候。购买由畜牧场混合的微量预混料时，每吨饲料中应当考虑多加 10 kg 或更多，如是非药物预混料应考虑每吨多添加 5 kg 以上。

14. 为了确保不发生残留，在下列情况下应保证采用的方法（如冲洗、加料顺序）正确：

- 当使用为生产其他家畜所需加药饲料所用的混合或传输设备时；
- 为奶牛生产无药物添加的饲料时；
- 生产育肥牛饲料时。

在畜牧场混合饲料再次出售的饲料法规

任何加工和出售饲料的生产者都应该遵守专门为饲料生产商制定的法律规章。加拿大境内饲料的销售受到饲料法规（饲料条例，1983）以及随后任何所有修订本的管理。它规定了所有可以在饲料中使用的饲料原料种类，并对饲料中的有害物质种类、饲料注册、饲料生产的标准和一般要求、分析保证值、耐受量、标签、饲料质量监测和饲料保证书进行了详细的描述。矿物质和维生素添加水平符合饲料法规规定的肉牛饲料无需进行注册。

加药饲料的混合与使用

在药物成分概要手册（CMIB）中，对家畜生产中药物的使用进行了详细描述。可以在牛饲料中使用的动物保健产品的种类很有限。它们包括几种离子载体类产品，如莫能菌素、拉沙里霉素以及盐霉素，它们对穿过动物肠道微生物细胞膜的无机离子的转移进行调节。

离子载体类物质通过抑制球虫病微生物的生长改善了动物的健康，并且通过选择性改变微生态体系，提高了饲料转化效率和动物增重速度。由于它们的作用方式是通过微生物进行调节，所以离子载体被认为是抗菌剂，并且与在人类药物中使用的任何抗菌剂没有关系。其他饲用药物包括有限的几种抗菌剂（四环素和磺胺类药物），可以提高青年母牛饲料转化效率的孕激素以及抗蠕虫药硫苯唑。

药物只有在严格控制的条件下才能添加到饲料中去。CMIB 规定了可以用于饲料中的药物，并且对其使用的条件进行了详细描述，包括使用剂量、可以接受的药品配伍、使用指导、使用注意事项以及局限性。

除非你正在出售加药饲料，否则没有购买 CMIB 复制本的必要。这是因为任何从饲料公司购买的药物预混料和添加剂必须标明产品名称、药物成分的浓度以及所有 CMIB 中注明的相关声明、警告、注意事项和使用指导。

只有在 CMIB 中明确规定可以在饲料中使用的动物保健药品才允许添加到饲料中。在饲料中使用一种以上的药品时，它们必须都是 CMIB 列出可以使用的产品，并且它们的使用配伍也是 CMIB 所允许的。在魁北克省生产任何一种加药饲料都需要出示兽医饲料处方，包括 CMIB 已经授权审批的使用方法。在加拿大其他省份，当饲料添加剂的使用与 CMIB 中陈述的内容不同时才要求出示兽医饲料处方（见第二部分）。

在饲料中添加的药物预混料必须放置在安全、清洁的地方。所有容器应该明确标明药品的名称和浓度，并且加盖密封或者有防止其他污染的保护措施。记录日志必须包括药物使用方法（见第二部分），并且实际使用方法应该与其相一致（产品消失）。

饲料制造商的责任

（摘自加拿大饲料行业联合会质量保证标准）

饲料制造商生产的产品必须满足消费者的需要。如果饲料被霉菌毒素、化学残留或药品所污染，或者产品没有达到标签上保证的营养含量（在饲料法规规定的范围内），饲料制造商应负有责任。饲料制造商有责任对饲料原料、添加剂和生产过程进行监测。最新、可靠的研究成果应该在顾客的饲料配方中加以体现。

安全与健康问题

牛肉肌肉、脂肪或器官中的残留

加拿大食品检验局（CFIA）正在实施一套方案，对国内牛的体组织和从其他国家进口的屠体、体组织以及肉产品中的残留进行检测。

监测的物质包括：抗生素、氯霉素、磺胺类药物、其他兽药产品、伊维菌素、激素类药物，包括玉米赤霉醇（在一种商品“拉格罗”中发现）和己烯雌酚、醋酸去甲雄三烯醇酮(TBA)、醋酸甲烯雌醇(MGA)、抗球虫药、杀虫剂、五氯酚(PCP)、砷和重金属。

使用抗生素需要较长的休药期,这点应该特别引起注意。因此,在随机抽样检测的基础上,对每个有注射痕或有慢性疾病的动物都要进行特殊检测。

尽管加拿大在控制动物药物残留方面有着完善的记录系统,但是淘汰牛和肉用犊牛具有容易发生残留的危险。有时工作人员偶然的疏忽,也会导致近期使用抗生素进行过治疗的淘汰牛由于没有执行休药期制度而被运到市场销售。

为了保持警惕,屠宰厂检测人员随机检验牛的残留超标与否,且他们最常检测的是淘汰牛。所有联邦检测机构都能进行筛选类检验,如前期药拭实验(STOP),可以准确检测肉牛生产中所使用的多种抗微生物类物质、农业中的化学物质(除草剂、杀虫药、抗真菌药等)。

根据标签上的使用说明,这类化学物质可在食品中形成可检测到的残留。为了确保食品安全,食品和药品规程对各种农作物使用的所有农药最高残留限量进行了详细规定,以防止在人的食品中有大量残留(牛肉组织中化学物质的残留量不能高于 0.1 mg/kg)。

与饲料相关的牛肉质量和安全问题

沙门氏菌

多种沙门氏菌在自然界中广泛存在。以牛为传染源导致的沙门氏菌病在人群中大暴发,会打击消费者对国内和进口牛肉市场的信心。企业良好的质量保证规范,特别是运输、储存以及使用购买的饲料和在农场内制造饲料时良好的卫生条件,会减少沙门氏菌病在畜群的发病率。

任何饲料都有可能成为沙门氏菌的来源,特别是被鸟类和啮齿类动物粪便污染过的饲料。沙门氏菌在污染的土壤和畜牧场中可以存活至少 200 天,啮齿类动物的粪便中 148 天,而在干牛粪中则能够存活 1 000 天以上。

与谷物饲料相比,在蛋白质饲料中更容易发现沙门氏菌。沙门氏菌在大豆、堪诺拉菜籽、肉类和骨粉等蛋白质饲料原料中存活,而且当这些饲料原料受潮时沙门氏菌更容易繁殖。动物性蛋白质原料感染沙门氏菌的危险性更高,在饲料厂对它们更应采取特殊的预防措施,以确保其安全使用。

人是沙门氏菌的潜在来源。沙门氏菌可以由携带病菌的工作人员传播到饲料上,也可由饲料传给人。对于工作人员而言,沙门氏菌可能像流感一样终日困扰着他们。

切记

1. 在接收饲料前检查饲料原料有无被侵染的迹象。
2. 确保包括运送、储存、混合和饲喂在内的所有生产过程清洁卫生。

3.再次补充饲料前清除原来的剩余残渣。

4.将饲料储存在干燥、表面坚硬的地板上。

5.及时清扫并移走散落的饲料。用破旧的饲料包装袋围起饲料以防止其散落。

6.扔掉受潮的饲料。

7.保证饲料的储存地方干燥不潮湿,且不受昆虫、灰尘和宠物污染。

8.定期清洁饲料加工处理的设备和场地,以防止饲料残留。

9.确保运输饲料时总是使用干净的车辆,避免对干净饲料形成交叉污染。切忌使用以前托运过高危物品、粪便和动物尸体的卡车、货车和其他车辆运送饲料,除非这些车辆已经经过了彻底的清洗、消毒和干燥。

霉菌

与其他家畜相比,反刍动物对霉菌毒素(mycotoxins)的抵抗力相对较强。因此,首先应考虑的问题是动物产品中残留霉菌毒素的安全性和接触污染谷物的农民的健康,其次才是动物的健康和生产性能问题。瘤胃内细菌的活动有助于各种天然的有毒产物脱毒,其中也包括各种霉菌毒素。因此,霉菌毒素对瘤胃功能正常的成年奶牛没有多少影响,但是犊牛(小于 6 月龄)和精神抑郁的牛对植物毒素或霉菌毒素则更为敏感。

霉菌的存在

所有谷物、饲草和加工过的饲料在一定的适宜温度和湿度条件下都有可能成为各类霉菌的宿主。在饲料中通常可以发现大量霉菌。然而,可见的霉菌数量与已有的霉菌毒素浓度并不相关,而且在饲料加工后仍然可以看到霉菌。虽然家畜的急性霉菌毒素中毒偶尔被诊断出来,但是大多数亚临床中毒症可能并没有被发现,因此动物生产性能和传染病的抵抗能力下降。可以向饲料中添加霉菌抑制剂以抑制霉菌的生长,但这种做法无法降解已经存在的霉菌毒素。

霉菌毒素的类型

黄曲霉毒素是由曲霉属和青霉属霉菌产生的一种可以导致肝癌的物质。黄曲霉毒素会污染谷物、大豆粕及其他饲料,是进口饲料的主要问题。中毒症状包括死亡、腹泻、体况明显下降、采食量和体增重减少、产奶量下降等等。犊牛对霉菌毒素最为敏感,被感染犊牛可能占全群的 5%~100%。由于动物的肝脏受到了损伤,霉菌毒素中毒的恢复非常缓慢。

曲霉菌属产生的赭曲霉素在自然界中广泛存在(储存的谷物和任何腐烂的植物中),是公认的影响加拿大反刍动物的主要霉菌毒素。

镰刀霉菌主要在加拿大东部部分地区发病。镰刀霉菌在小麦、大麦和玉米中产生许多毒素，包括玉米烯酮和呕吐毒素（脱氧瓜蒌镰菌醇，DON），以及例如 T-2 毒素和 HT-2 毒素等多种毒素。但这种霉菌毒素在牛引起的关注远远不如非反刍动物。

麦角菌

麦角菌是一种孳生在各种谷物和牧草中的真菌。牛比其他种类家畜更容易受到麦角毒素的感染，且死亡率很高。牛采食 0.06%～1%麦角毒素（每千克谷物中含 11～188 个麦角菌体）会发生慢性中毒。患病动物的症状包括流产、饲料和谷物的采食量下降、消化障碍、跛行、无法更换被毛，动物还表现出神经过敏或神情淡漠，并且出现坏疽。

疯牛病

牛海绵状脑病（BSE）是牛的一种致命性脑部疾病，它是由一种被称为朊病毒的非常规性感染源所导致。朊病毒是一种发现在脑部细胞膜上的蛋白质的变异形式。羊痒疫、牛的海绵状脑病以及克雅氏病（CJD；一种人类非常罕见的脑部疾病）都被认为是由一些种类的感染源导致的神经变性疾病。羊迟发性病毒感染已经有 200 年文献记载历史，它的发病国家分布广泛，且是否会传染人类还不确定。BSE 是一种最近发现的疾病，1986 年在英国首次被发现。它在牛体内的潜伏期长（一年半至八年以上）。被感染牛的肉和奶中不携带 BSE 的感染源。但在实验室的条件下，患病牛的大脑、脊髓和视网膜可以使其他动物（例如老鼠）感染。

为了确保 BSE 不在动物饲料中传播并保护消费者对动物性食品的信心，许多国家（包括那些在牛上没有发现 BSE 的牛肉出口国）都已经禁止在牛饲料中使用反刍动物或哺乳动物源性蛋白质副产物。由于不含有感染源，血粉、乳蛋白、骨胶和牛脂也许不在禁止之列。

环境污染和毒素

任何可以吞食、吸入或通过皮肤吸收的有毒物质对牛都构成潜在的威胁。大多数牛只可以接触到的危险物质是通过口腔食入的。

人们发现很多物质都可以使牛患病和/或导致牛肉中出现残留。最常见的问题是由铅电池导致的铅中毒。电池的酸性物质或涂料在无意中对饲料造成污染或者被牛吞食。谷物籽实加工过程产生的毒素以及误用喷洒产品产生的中毒并不常见。废油、杀虫剂（尤其是杀昆虫剂）、POURON 杀昆虫剂都会导致牛生病以及有害物质残留。传输和转移液含有多氯联苯（PCB），如果进入到肉中会导致屠宰动物发生严重的残留。铅和其他重金属可以通过溢洒和泄露被动物采食。当畜牧场或庄稼地附近的工厂以及重新开垦的地方排出大量污水污泥时，重金属污染将受到充分的关注。

牢记

1. 推荐使用含杀虫剂的耳标。

2. 在屠宰前执行休药期。

3. 秋天取下含杀虫剂的耳标,使寄生虫的抗药性降至最低。

4. 给农作物施加保护性化学药剂,空罐和空袋放在安全干净的地点保存,并给予适当的处理。

5. 装化学试剂的空容器不能在农场或畜牧场附近焚烧或丢弃。

6. 不能在邻近水体的地点(湖泊、溪流、水坑、井等)使用农作物保护性化学药剂。

7. 避免在畜牧场和非播种地区喷洒化学药品。

8. 所有化学药品和经过加工处理的谷物籽实应该与饲料和饲料原料分开放置。

9. 应采取预防措施避免谷物种子与饲用谷物相混。

10. 处理的谷物种子残余物不能丢弃在田地里。

11. 不能使用加工化学试剂和肥料的同一设备加工饲料。

12. 把田地里的含铅电池拾起,统一储存在一个安全的地点。

13. 尽可能把废油、使用过的油罐和使用过的电池进行回收,以除去农场这些潜在的污染物质。

14. 农场废弃的垃圾堆应该用篱笆围住,以避免牛接近。

15. 在饲料加工设备中安置磁铁以吸出饲料中含有的铁钉、金属丝和其他金属物质,它们可以导致设备机械零件受损。

16. 实施饲料质量控制程序以使饲料在采购和畜牧场混合过程中出现的污染问题降至最低。

17. 对与饲料和家畜相关的设施监控,并及时对任何遗洒(例如在转运过程中的泄漏物质或水箱液)以及污染的饲料进行清理。

18. 预防鸟害和鼠害的产品应该与饲料产品分离放置,并且安全使用,以防止牛、其他家畜或宠物接近。

19. 保护饲喂和饮水设备不受直接污染,及时对家畜、宠物和害虫粪尿进行冲洗。

20. 如果怀疑被污染,应该把牛群转移远离可疑的饲料、畜牧场或水体;并收集有代表性的样品进行分析。根据污染物不同,向有关实验室、兽医师、营养师或家畜饲养专家咨询饲料安全性的相关问题。

附件 4-2

繁殖母牛场应用危害分析与关键控制点(HACCP)计划的实例

一、确定降低肉牛安全性的潜在化学、物理及微生物危害

1. 化学残留来源于动物保健药品、或被杀虫剂、除草剂、化肥、环境中的有毒物质(石油、汽油)以及其他畜牧场化学物质污染的饲料。

2. 物理性损害,例如断针头和大号铅弹所造成的损害。

3. 微生物危害包括细菌(例如大肠埃希氏菌 O_{157}、沙门氏菌)和寄生虫(例如囊尾蚴、隐孢子原虫、贾第鞭毛虫)。

二、确定在生产过程中可以预防或消除危害的各环节,即确定关键管理步骤(CMP)

1. 对进场饲料(包括饲料原料)和垫草采用适当的抽样监测方法进行进场安全检查。

2. 仅购买使用政府部门批准养牛业使用的健康产品。

3. 根据地方政府法规,对死亡动物分别进行炼油、掩埋、焚烧等处理。

4. 所提供的饲草和饮水要保持优良品质,远离污染源并且保护其不受环境所污染;同时要定期进行检查。

5. 保持料仓和储料罐清洁、干燥、无污染。遗洒物应及时清扫。

6. 饲料添加剂和料仓要正确、清晰地标记。

7. 包括秤、搅拌机、料仓、运料卡车、料槽和饮水器在内的饲养设施应合理地清洗和维护。

8. 保存药物的使用清单,并经常与现有的实际清单相对照。

9. 正确安排越冬地点、畜栏、青贮窖、沉降池和其他储粪地点,并且及时清洗和维修,以防止污染物流进水源、渗入地下水及外源污水的流入。

10. 控制动物与水体的接触(例如成熟草地轮牧、利用鼻泵或太阳能泵使动物与水源保持距离、建立坡坝或建立围栏等)。

11. 放牧地应安置在远离饮用水源的位置上,牛群轮牧保证来自粪便的养分撒

播均匀。

12. 包括利器在内的已经使用过或过期的物品，要根据标签说明和市政府的规定进行处理。

13. 根据 CCIA 确定动物永久唯一的身份编号。

14. 根据标签说明使用动物保健产品。只有持有兽医师处方并且已经建立了有效的兽医-顾客-病畜关系才可以不按照标签说明使用药品。

15. 保留所有危险物质的原料有效期的标签（MSDS）。定期培训工作人员正确使用危险物品，包括紧急救援。

16. 严格执行休药期制度，在动物上市前检查药物残留情况。

17. 根据药物成分概要手册使用药物饲料。如果没有该手册，应根据兽医师开具的饲料药物处方使用饲料药物。

18. 采用物理方法对进行饲料混合、运输、储存、饲喂的设施进行冲洗保洁；生产和饲喂设备可以相邻安置。运输和饲喂设备应该隔开安置，以减少添加药物和未添加药物饲料间的交叉污染。

三、建立相应的控制标准使每一个 CMP 都处于受控状态

1. 化学残留：低于加拿大食品监测局（CFIA）制定的允许量。
2. 物理危害：不允许存在物理危害。
3. 微生物危害：控制流行病发生。

四、建立各 CMP 的监测方法及监测日程表

1. 检查记录。
2. 对工作人员进行监督，作为他们的工作表现评估。
3. 监测饲料和饮水的质量。
4. 在动物屠宰前对慢性病进行残留监测（例如 LAST 活动物试纸试验）。

五、如果在监测过程中发现可疑问题，应建立校正方案使 CMP 恢复到标准的受控状态

1. 通知供货商提供购买产品的规格，并退回次品。
2. 对工作人员进行生产规程和如何纠正问题的再培训。
3. 当确认动物没有受到化学和物理危害后再进行出售。
4. 如果问题持续存在，确认可疑动物编号并通知购买者。
5. 对不能治愈的动物实施安乐死。

六、确认所有 CMP 运行正常

1. 公正独立的执法机构对记录进行评估。

2. 由可以信赖的实验室对饲料和饮水的质量进行检测。

3. 采用加拿大食品检验局(CFIA)制定的残留物监测程序对屠体中残留物进行检测。

七、建立有效的记录档案制度,对 HACCP 计划进行记录

1. 建立购买产品的规格、动物的历史记录、接收检测记录、饲料/饮水/垫草记录以及用药记录(从危险化学制剂批发商处索取制剂安全数据表 MSDS 并整理归档)的档案。

2. 建立饲料原料和药品的库存记录。

3. 建立动物管理和治疗的记录(个体和群体)。

4. 建立饲料的制备和饲养记录(包括饲用药物)。

5. 建立畜牧场公共卫生记录(包括各种设备的保洁清洗)。

6. 建立死亡动物、使用过或过期药物、利器、污染的饲料及副产品的处置记录。

7. 建立设备维护记录。

8. 建立肥料管理计划的记录(例如,肥料的储存和施肥记录;浸出、腐蚀和流失控制方案)。

9. 建立畜牧场员工工作内容的书面记录和工作表现评估。

10. 对畜牧场所有常规程序的记录进行监测和审核(例如,饲料抽样检测结果、水质检测结果、处方饲料、药品非常规使用的兽医处方)。

附件 4-3

育肥肉牛场应用危害分析与关键控制点（HACCP）计划的实例

一、确认潜在的有损牛肉安全的化学、物理以及生物危害

1. 化学残留物，来自动物保健产品，或者由杀虫剂、除草剂、肥料、环境中毒素（油、气体）以及其他的农用化学物质而致的饲料污染引起。

2. 物理危害，诸如断针头和铅弹。

3. 微生物危害，例如细菌（大肠埃希氏菌 O_{157} 和沙门氏菌）和寄生虫（如囊尾蚴、隐孢子原虫和贾第鞭毛幼虫）。

二、确认可减少或去除危害的生产程序（关键管理程序，CMP）

1. 饲料，包括所有未加工原料以及垫草，一经到达都必须经过安全检查，并在适当的地方取样检验。

2. 只能购买政府认可的肉牛保健产品。

3. 死动物根据地方政府立法规定通过熬油、掩埋或焚烧来处置。

4. 饲料储存区和容器应保持清洁、干燥并免受污染。溅洒饲料应立即清扫。

5. 饲料添加剂和储存仓应正确而清晰地标记。

6. 饲料设备包括秤、混合器、仓、卡车、饲槽、饮水槽应保持干净。

7. 保存饲料添加药物的最新清单，并同实际可用的清单作比较。

8. 畜舍、青贮窖、沉降池以及其他贮粪区应合理设计，保持清洁以避免其流进水源，渗漏至地下水，并从外面源头流出。

9. 已用和过期产品包括利器应根据标签指导和地方政府规章细则来处理。

10. 动物一经到达要建立唯一而永久的身份标识号码。

11. 根据标签说明使用动物保健产品，任何无标签药物的使用必须依据兽医开具的处方和良好的兽医-顾客-病畜关系。

12. 动物进入市场以前必须有休药期和检验报告。

13. 根据药物成分概要手册（CMIB）使用饲料添加药物，否则，使用兽医师开列的饲料处方。

14.饲料混合、加工、储存和饲喂设备应用物理手段冲洗或清洁。生产和饲喂要有序进行,或者处理和饲喂设备应隔开或分开,以减少添加药物饲料和非添加药物饲料的交叉污染。

15.定期对员工进行正确使用危害物质包括急救的培训。

三、确定满足每一关键管理程序控制下的限量

1.化学残留:低于政府确定的容许水平。

2.物理危害:零容许。

3.生物危害:减少至日前的普遍水平。

四、建立定期观察或检验制度,以利监测每一关键管理程序(CMP)的实施

1.记录审核制度。

2.当员工进行程序化操作时,要对其工作情况进行监督(生产评估)。

3.对饲料和饮水要进行检验。

4.对屠宰前未达标(或患有慢性病)的动物进行药残检验(如活体动物拭抹取样化验,简称LAST)。

五、如果检测出现问题,应当采取的矫正措施

1.通知供应商提供有关购买的具体细节,并退回劣质的产品。

2.对员工进行正确操作程序的再培训(参考:推荐的育肥动物保健操作程序、控制饲料质量的生产规范、加拿大饲料工业良好的生产规范)。

3.保持牛只远离化学和物理危害。

4.对怀疑有病的牛只进行标记,并通知屠宰场工人进行合理加工。

5.如果问题严重且不能纠正时,给动物实施安乐死。

六、确认所有的关键管理程序(CMP)都准确无误地实施

1.由公正独立的第三者对记录进行评估。

2.由有声望的实验室对饲料和水进行检验。

3.根据加拿大食品检验局确立的当前残留检测计划对屠体药残进行检验。

七、建立一个能反映HACCP计划的有效的记录体系

1.要建立购买细则以及动物/饲料/水/垫草和药物的接受和检查记录(要求从危害化学物质分销商处得到物质安全数据表,并存档)。

2.建立处置记录(如死亡动物、已用和过期药物、利器、被污染饲料和副产物等)。

3.建立设备维护记录。

4.建立营养管理计划记录(如证明粪便储存和利用的记录、渗漏、腐蚀和排泄物控制办法的记录)。

5.员工们工作情况的书面描述及工作业绩评估记录。

6.所有育肥程序的检测和认证记录(如:饲料样本检验结果、水质检验结果、混合均匀度检验结果、磅秤的校准记录、饲料配方、兽医处方以及治疗记录等)。

附件 4-4

物理危害

牛肉中带有折断的针头是一种威胁食品安全的物理性危险。如果消费者食入了这种带有断针头的牛肉,会造成口腔软组织、咽喉以及牙齿的损伤。无法对这种情况的发生进行预测。为了更好的解决这一问题,我们最近进行了两个调查。

我们对生产者进行了调查,以了解这种问题存在的普遍性,以及他们为了及时发现和减少该情况的发生所采取的措施。然后我们又调查了加拿大西部的兽医师,让他们告诉我们解决这个问题的正确做法。

41%的生产者(包括包装工人、经销商和零售商)反映一年中不同地区该类情况的投诉从1～12例不等。这个估计值可能会低于真实的数据,因为并不是每个受害者都会来投诉,他们的做法只是不再购买牛肉。来投诉的消费者表示非常关注、气愤、震惊和失望,并坚持生产者一方应该负有责任。

当我们问及生产者他们是否采取了一定措施以发现牛肉中的断针头时,27%的被调查者回答有人工检查体系或金属探测器,或两种措施都有。在制作、包装和分割过程中最容易发现折断的针头,因此应该在上述生产环节中设立监测系统。生产者对金属探测器能够发现大块肌肉中的针头并不抱有太大的信心。他们建议金属探测器应作为 HACCP 系统的一部分置于生产线最后的处理设备中。然而,他们应该把解决问题的重点放在通过生产者和兽医师的努力使该问题的发生率降低,而不是试图找到牛肉中的针头。

当我们询问兽医师是否经历过针头折断的问题时,有25%的回答是肯定的。我们还对购买哪种类型的针头向兽医师进行了询问。育肥厂、母牛/犊牛繁育场和奶牛场通常购买带有铝制针芯的铝制注射针头,而很少使用不锈钢或塑料针芯的铝制针头。可供选择的注射针头有多种品牌。畜牧场主使用的针头的直径和长度绝大多数为:肌肉注射时为16号口径×1英寸,16号口径×1.5英寸;皮下注射时为16号口径×3/4英寸,16号口径×1英寸。兽医师也使用同样规格和类型的针头,这表明畜牧场主曾经向兽医师咨询针头的规格。

我们所能做的工作

1. 注射前将牛正确保定。

2. 经常更换针头，一般每 10～15 头牛更换一个针头。

3. 丢弃已经弯曲或钝头的针头。

4. 切忌将弯曲的针头掰直后再次进行使用！

5. 注射时先刺入针头再连接注射器。

6. 使用钢或铝制的针头，不要使用廉价针头。

7. 使用尽可能短和粗的针头。

8. 使用针头延伸器或注射器套管。

9. 花时间进行正确操作。

10. 不要使用木棍或电刺激枪驱赶动物。

11. 选择颈部注射，一旦针头折断，易于寻找。

12. 通过一个斜道装置接触动物，以利更好地完成颈部注射。

13. 给员工上一堂有关如何管理性情暴躁牛方面的课程。

14. 淘汰性情不好的牛。

15. 最好用分体而不要用连体注射器。

16. 不要将针头扎到骨骼上。

17. 尽可能使用皮下注射而少用肌肉注射。

18. 尽可能通过其他途径给药(如灌服，口服等)。

19. 每个注射点的注射剂量不要超过推荐量。

20. 选择正确的针头规格：皮下注射时规格和长度分别为 18 号口径或 16 号口径，1/2 英寸或 3/4 英寸；肌肉注时为 18 号口径或 16 号口径，1 英寸或 1.5 英寸；静脉注射时为 16 号口径，2 英寸或4 英寸。

21. 皮下注射时将皮肤提起后再进针。

22. 肌肉注射时针头与身体垂直刺入肌肉。

23. 使用塑料针芯时一旦发生针头折断，针芯的残留部分可以使得更容易找到折断的针头。

24. 使用塑料注射器，因为它们会在针头折断前断裂。

25. 如果针头折断，请你的兽医师来取出折断的针头。

26. 如果无法找到折断的针头，将动物进行标记，注明诸如“可疑”字样等，并将可能出现的问题告知肉品加工厂。

27. 体内带有断针头的动物应考虑进行安乐死，因为其产品可能带来的安全隐患已经超出它本身的价值。

附件 4-5

化学或生物学危害

加拿大兽医协会(CVMA)关于“慎重使用抗生素”的规定

引言

从 20 世纪 50 年代起,抗生素就是控制传染病的重要手段。抗生素在兽医领域的应用改善了动物的健康和福利。无论对消费者还是从事动物性食品生产者来说,抗生素的使用还保证了肉、蛋、奶等动物产品的安全性。

加拿大兽医协会承认,抗生素的使用会对人的健康产生潜在的影响。对动物继续使用抗生素要求兽医师具备合理用药的能力,并且能够掌握动物最大福利和抗生素药效(即产生最小耐药性)之间的平衡。

总则

1. 将抗生素的使用剂量降至最低以产生最小耐药性是兽医师、畜牧场主和饲养员的共同责任。

2. 在设计抗生素治疗方案时应遵循产生最大治疗效果和最小耐药性的原则。

3. 只有确立了兽医师-客户-病畜关系(VCPR)[①]后才能对动物使用抗生素。

4. 兽医师应该不断提高自己的业务水平,包括掌握疾病的预防措施、新的治疗方法和其他诸如耐药性倾向等问题,以确保抗生素的谨慎使用。

5. 所有使用抗生素的人都应接受正确使用抗生素的学习,包括给药方法、药物管理、存贮和档案记录。兽医师有责任组织培训并教育畜牧场雇员、客户和其他动物管理者应慎重使用抗生素。

细则

1. 所有抗生素,包括那些不是按照兽医师处方直接购买的药物都只能在有效的 VCPR 范围内使用。

---

①当满足下列所有条件时,就达成了兽医师-客户-病畜的关系:

(1)兽医师根据动物的健康状况和需要进行的治疗做出临床诊断并愿意对此负责,而且客户同意兽医师的治疗方案。

(2)兽医师已经对动物的情况有了充足的了解,能够对动物的医疗条件做出大致或初步的诊断。这意味着兽医师已经通过检查动物或适时到动物饲养现场探察,看到并亲自了解了动物近期的饲养管理情况。

(3)如果病情恶化或治疗没有效果,兽医师已经做好了进一步诊断和处理紧急情况的准备。

2.应对牧场主和饲养人员进行培训，并鼓励他们落实管理、免疫、舍饲和营养计划，以阻止或减少疾病的发生进而减少抗生素的应用。

3.只有通过临床症状、病史、尸体剖检报告、实验室数据（包括耐药性试验）证明抗原存在而且抗原对药物敏感后才可以使用抗生素进行治疗。

4.定期评估预防性抗生素的需要量。只有当动物处于危险期而且应用抗生素能够降低发病率和死亡率的情况下才可以使用预防性抗生素。外科手术应该严格要求无菌技术，而不是依靠抗生素来预防感染。

5.只有抗生素的剂量不会使动物和人产生耐药性时才可以利用抗生素促进动物的生长和提高饲料利用率。

6.选择抗生素时应该考虑的问题包括以下几点：确定或可疑的靶器官；已知或可以预期的药物敏感性、感染的部位、药物的知识，包括药物动力学和药效学属性以及诸如宿主免疫活性等其他因素。应该首先选择针对特殊目标抗原的窄谱抗生素，而不是广谱抗生素；优先考虑局部用药而不是全身使用。

7.具有唯一作用机制或者对人会产生新耐药性的抗生素不能应用于兽医，特别是对肉用家畜的临床治疗。除非其他抗生素经临床应用或药敏实验无效，而且只有此类抗生素能够挽救动物的生命的情况下才可以使用。

8.尽可能进行诊断后再使用抗生素治疗。尽可能按照标签上注明的剂量、次数和持续用药期使用药品。

9.应该避免联合使用抗生素、混合药物的活性成分以及不按照标签说明给药，除非已经证明这种用法是安全有效的。

10.在达到治疗效果的同时应保证用药期最短，以使其他细菌与该抗生素的接触时间降到最少防止发生耐药性。

11.应用抗生素的肉用家畜应该严格执行休药期制度。

12.使用抗生素治疗的动物会将有耐药性的细菌释放到周围环境当中。应该当采取一定措施将环境污染限制在最小范围内。

13.合理管理和储藏抗菌剂，包括采取适当的方式丢弃抗生素以免污染环境。

14.兽医师应当提醒每个接触抗生素的人：药物可能对他们自己或其他生物造成的潜在的危险。

附件 4-6

生物学危害

一、大肠埃希氏菌 O_{157}（*E. coli* O_{157}）

大肠埃希氏菌 O_{157} 是一种通常在粪便中发现的细菌，但只有很少一部分牛的粪便中含有大肠埃希氏菌 O_{157}。本病的流行具有种间差异和种内差异。对于牛，本病是夏季多发，这说明环境在细菌的传播中起到了重要作用。到目前为止还没有一致的说法可以解释牛群感染大肠杆菌病的原因。

大肠埃希氏菌 O_{157} 可以产生一种毒素，这种毒素不能使牛发病，但可以破坏儿童和老人的免疫系统从而造成严重的危害。如果人食入了受到污染且未煮熟或冷冻不好的牛肉、未加热的牛奶、饮水和果汁就会被大肠埃希氏菌 O_{157} 感染。同样，被感染的人又会在日间照管中心和游泳池将这种细菌传播给其他人。磨碎的牛肉可能是一个传染源，因为碎肉的表面积很大，在牛肉的加工和储存过程中很容易被污染。

目前还没有农场管理制度能够降低牛群感染大肠埃希氏菌 O_{157} 的危险。有关疫苗和益生菌（细菌性饲料添加剂对大肠埃希氏菌 O_{157} 产生竞争性抑制）的研究仍在继续。屠体上的细菌主要来源于污染的动物皮毛。因此，生产者应该采取可以减少皮毛污染的各种管理程序，例如铺垫草、打扫和清洗畜舍以及保持适当的饲养密度。由于大肠埃希氏菌 O_{157} 存在于牛的粪便当中，所以生产者也应该有良好的粪肥管理制度，比如防止粪肥流入河道。

已经证明能够降低被大肠埃希氏菌 O_{157} 污染的措施包括去除皮毛、蒸煮、屠体消毒、屠体冲洗、卫生设施以及温度控制。正确的冷冻、加工、消毒和烹饪也能有效地控制大肠埃希氏菌 O_{157} 的传播。

二、沙门氏菌病

沙门氏菌病是世界性疾病，大多数恒温动物均可发病。对于牛，最常见的类型有：都柏林沙门氏菌（*S. dublin*）、伤寒沙门氏菌（*S. typhimurium*）和新港沙门氏菌（*S. newport*）。牛的沙门氏菌病的发病率低，大规模的暴发很罕见。沙门氏菌的来源包括带菌动物、污染的饲料和饮水、污水和污泥、啮齿类动物、鸟、人、野生动物、宠物以及饲料和肥料中使用的未消毒的肉类和鱼类副产品。我们关注牛的沙门氏菌病主要在于患病牛的病情以及传染人的问题。人感染沙门氏菌病主要是通过直接和病牛接触,或是通过被粪便污染的食物、仪器设施和环境间接感染。沙门氏菌可以在草场、土壤、水和粪便中存活很长一段时期。

牛沙门氏菌的感染主要是通过食入污染的饲料或者是直接接触传染。一些牛被感染后不表现临床症状,成为病菌的携带体。有些患病牛则表现出败血病,同时伴有发热、精神抑郁、腹泻、消瘦、流产或肢体末梢(耳尖、尾尖和四肢下部)干性坏疽。有时候以猝死作为牛沙门氏菌的首要症状。牛沙门氏菌病的治疗方法包括隔离病畜、补液疗法、使用收敛药和抗生素。为防止和控制本病的暴发,应该采取的措施有:接种疫苗(接种疫苗会产生副作用,向兽医师咨询)、隔离病畜、注意公共卫生(不要在治疗区处理新到厂的牛)和个人卫生、限制牛、宠物和人的活动、害虫的控制和粪肥的管理。畜栏和畜舍的粪肥应该施加到农作物农田里而不是施在草场上,因为沙门氏菌在干草和青贮上无法存活。新进厂的饲料和副产品应该严格消毒,保证不带有沙门氏菌。谷物和干草的放置应离开地面。饲料储存地应密闭,以防宠物、野生鸟类和其他潜在带菌动物接近。病牛的屠体应该马上焚烧并掩埋,以避免疾病在野生动物和宠物之间的传播和对环境造成污染。有些省份有关于沙门氏菌病的临床报道。因此,和你当地的兽医师联系以确定适当的预防措施。在一些省份,感染沙门氏菌的牛在出售前必须让买主了解病畜的情况,否则不能将病牛出售。还应该包括在运送屠宰之前通知包装工人。

应该强调的是,为了防止病原菌向员工的扩散,应当强调个人卫生。为了避免食物途径的感染,在食物的加工过程中应该防止牛肉被粪便污染。同样,病菌携带者也不能接触食品。肉类应当正确冷藏和冷冻,或者是加热到 160℉/70℃。只有经过巴氏消毒的牛奶和纯净水才可以饮用。有效处理污水也能起到一定预防效果。

三、牛囊尾蚴病(牛麻疹)

牛囊尾蚴病是由在人绦虫幼虫的周围发育的一些充满液体的囊泡引起的疾病。本病在世界范围内发生,牛是中间宿主。患本病的人通常不表现症状,偶有腹痛、腹泻和体重减轻。目前,加拿大动物卫生法案中有关于牛囊尾蚴病的报道。

牛食入带有绦虫卵的人粪便后会被感染。传染物来源包括污染的饲料、牧草、饮水、垫草、工作人员的手和设备。鸟类和昆虫还可以将绦虫虫卵带到距离很远的地方。用污水进行灌溉会增加发生本病的危险。虫卵可以在环境中存活很长时间。

通常只有当大量虫卵在重要器官堆积时，患病牛才表现出体温升高和肌肉僵直等临床症状。本病的诊断一般是靠屠宰后对肉进行检查。如果肉中发现囊泡，必须切除带有囊泡部分的肌肉，屠体其他部分要进行冷冻或煮熟处理；或者直接将整个屠体销毁。

还没有针对牛囊尾蚴病的治疗方法。预防措施包括避免饲喂被污染的饲料，以减少牛与人粪便的接触机会。同样，工人应该保持良好的卫生习惯，并且保证有足够的盥洗设施。消费者应该将牛肉加热至160℉/70℃，并保持该温度至少5分钟。

四、隐孢子原虫病和梨形鞭毛虫病

隐孢子原虫和梨形鞭毛虫是存在于许多动物、鸟类和人类肠道的两种原生虫。这些寄生虫经常可在健康动物体内发现。对于牛，偶尔这些寄生虫可能会造成幼龄动物腹泻和低生产性能。隐孢子原虫经常可从小于几个月龄的犊牛体内分离到，但梨形鞭毛虫可在所有年龄的牛体内找到。这些寄生虫在加拿大肥育牛的流行程度以及其对育肥牛生产损失的影响程度仍不清楚。然而，这些寄生虫可以危及到人的安全，因为一旦含有该寄生虫的牛粪便污染了食物和水源，可能会使人类患胃肠道疾病。对具有强免疫力的人和动物，这些疾病通常被自行限制；然而，对于免疫力低下的人来说，该病可能会很严重。

目前对于牛和人的隐孢子原虫病还没有特异的治疗方法，只有用补液疗法治疗腹泻。有关疫苗和特异治疗方法的研究还在进行之中。牛的梨形鞭毛虫病可以用苯丙咪唑类药物（如硫苯唑、甲苯咪唑、阿苯达唑）治疗，人的梨形鞭毛虫病有很多约都可以治疗。

为了降低牛粪造成人感染原虫的危险，畜牧场主必须建立良好的粪肥管理制度并且加以实施，以防止出现粪肥渗漏和腐蚀以及粪便从粪肥处理池、畜栏和沉降池中溢出流入湖泊、河流和沟渠的情况。应该防止牛群接近水源（例如轮换放牧、定点饮水以及建立坡道和隔离篱笆）。工人应保持良好的个人卫生。人的饮用水应该经过过滤和氯气消毒。只有堆肥可被用作新鲜蔬菜和水果作物的肥料。

五、牛慢性细菌性腹泻（约氏病）

牛慢性细菌性腹泻是由一种称为鸟分支杆菌副结核亚种（*Mycobacterium avium* subsp. *paratuberculosis*）的细菌引起的肠道传染病。因为该细菌或其遗传成分已经在患节段性回肠炎的病人身上检测到，所以该病也更加引起养牛协会和兽医师们的重视。人的节段性回肠炎是一种慢性肠道疾病，多发于年龄在15岁以上的人群，现在仍不能确定病因及治疗方法。它同牛的慢性细菌性腹泻比较相似。这些发现的重要性在于它们涉及到了目前还无定论的节段性回肠炎。

育肥牛可以被鸟分支杆菌感染，因此它们的粪便可能对人的健康造成损害。牧场主应该建立良好的粪肥管理制度，以防止粪肥和牛场排放物流入水道。应当使用堆肥作为蔬菜和水果作物的肥料，不要用新鲜牛粪。人的饮用水应该经过过滤和氯气消毒。

牛慢性细菌性腹泻属于群发病，牛群中只要有一头牛表现出临床症状，其他牛很可能也会被感染。

1. 对此病最敏感的动物有牛、羊和山羊。但也有关于鹿、麋鹿和羚羊发生牛慢性细菌性腹泻的报导，同时还有少量关于猪、马、鸡、美洲驼和非人灵长类动物发病的报导。

2. 当一头被感染的牛进入牛群后，该病就在此牛群传播开了。

3. 被感染牛的粪便是最常见的感染源，而且从临床感染的牛身上会有大量病原菌脱落，这些微生物在环境中虽然不能繁殖，但是因为它有良好的抗低温、高温和干燥能力，常常能在环境中存活长达 1 年以上。

4. 通过吞食细菌、吮吸粪便污染的乳头、舔食已污染的设备、食用粪便污染的饲料和饮水等，最易使动物感染该病。染病的牛产的初乳和常乳可能会使该病菌转移。有时，母体在妊娠后期感染该病，可能会将病菌直接传染给胎儿。

5. 虽然本病的感染一般都发生在犊牛阶段，但通常在牛成熟（3～6 岁）后表现出明显的临床症状。随着年龄的增长，牛对感染的抵抗能力逐渐增强。

6. 患有慢性细菌性腹泻的牛尽管食欲旺盛，但会出现持久性腹泻且体重减轻。有些患病牛的精神委靡、体况虚弱还会出现下颚水肿；还有病畜则表现慢性腹泻。本病可能当发生应激（如分娩）几个星期后发病。

7. 通过下列各项指标可以判定牛群是否发病：①母牛的临床表现为食欲旺盛，但体重减轻，同时伴有慢性腹泻；②牛群生产性能持续下降；③粪便、血液和初乳中的有机体培养（培养实验能否成功取决于动物的年龄和感染的阶段）。

8. 目前还没对感染和发病牛的治疗办法。

9. 目前在加拿大还没有可以预防慢性细菌性腹泻的疫苗。

10. 在了解本病的基础上，通过实施关键管理控制点方案可以预防、控制、甚至消灭牛群中的慢性细菌性腹泻。一个典型的控制计划需要 5 年或更长的时间。

11. 通过从鸟分支杆菌检测呈阴性的牛群中挑选母牛或者对成年母牛提前检测可以预防慢性细菌性腹泻的传染。

12. 通过对粪肥进行管理控制慢性细菌性腹泻的发生。

13. 使用水槽或限制动物接近水道保障动物得到清洁的饮水。

14. 提供清洁的饲料，不要将饲料放在地上。

15. 粪便从远离水道方向的流出。

16. 提供干净宽敞，铺有厚垫草的产房。母牛分娩后尽快将母牛和犊牛双双移至清洁的护理区。产犊区和治疗区分离。

17. 使犊牛远离患慢性细菌性腹泻的母牛。

18. 用鸟分支杆菌检测阴性母牛的初乳饲喂犊牛。

19. 尽快淘汰已经有临床症状的感染牛并且在淘汰前对它们进行隔离。

20. 执行检疫制度，即在妊娠期检查或进行免疫时检查，以确定亚临床感染的牛，然后将其选出、隔离、或减少与其他牛的接触。

21. 用清洁的卡车运送牛。

22. 与你的兽医师联系以获取更多信息。

附件 4-7

使用兽药和生物制剂的责任

一、畜牧场主的责任

畜牧场主使用兽药和生物制剂(疫苗)来预防、治疗和控制动物的疾病,因此他们应该掌握疾病以及药品使用的有关知识。他们对保证家畜的健康和生产性能以及保护消费者对产品的信心方面起到了至关重要的作用。他们还对管理方面的众多因素负有责任,其中包括应该被列入治疗方案的卫生保洁问题。畜牧场主和他们的雇员只能使用政府允许范围内的药品并且遵守标签注明的途径给药。必须严格执行休药期制度。非专业人员不按照标签说明使用药品是非法行为,应受到管理处罚。畜牧场主不得转售处方药。

应当鼓励生产者和有行医执照的兽医师合作,以建立并维持一个畜群健康计划。在该计划中应该包括疾病鉴别的培训、适当的预防、治疗和控制制度,以及适当的病例记录档案。当畜牧场主意识到自己误用或非法销售了可能有损整个养牛业在消费者中声誉的兽药和生物制剂时,应该鼓励他及时与兽医师联系。

二、兽医师的责任

为了保护公众的利益,法律赋予兽医师开处方的特权。因此,兽医师的职业责任是保证药品和生物制剂的使用不会危及家畜和公众的健康。兽医师从业人员必须建议畜牧生产者要安全负责地使用药物;建立标准的生产和治疗制度(特别要强调休药期制度);对所有活动建立记录档案;确定上述措施都已落实,并纠正其中可能发生的错误。此外,兽医师必须确保在治疗中配伍使用的任何药品都是已知可行的联合用药方式。兽医师在开处方前必须确认已经建立了正确的兽医师-客户-病畜关系。

当遇到以下情况时兽医师必须书面开出饲料药物处方:给不同品种的动物使用药物;使用不同的药物水平;或者是药物的使用方法超出了药物成分概要手册规定的范围。只能当治疗已经确诊的特殊疾病而且符合常规标准的情况下才能短期使用饲料药物,同时在饲料药物处方上要注明休药期。

兽医师应该对药物和生物制剂的副作用以及兽药和生物制剂的非法销售与滥用情况进行报告。

三、健康加拿大:兽药管理局的责任

兽药局是卫生部下属的卫生保护分部食品高级委员会的分支机构。“健康加拿大”(Health Canada)的职权是依照食品和药物法规管理药品。兽药局对动物使用的兽药进行评估,以确保药物的安全有效以及肉、蛋、奶、鱼和蜂蜜等产品中不会含有对人类健康造成潜在危害的药物残留。杀虫剂的审核工作是“健康加拿大”有害动植物管理机构的责任。那些需经口服或注射的杀虫剂被认为是药物,因此它们也属于兽药局的管理范围。兽药局也负责评估和开发新的药物,并且在新药上市后对其进行监督测试。上市后的监测包括产品抽样检查和上市兽药的质量控制分析。兽药局还负责评估兽药副作用和无效药物的报告,必要时对其危害进行纠正。对销售未注册和贴错标签药物以及兽药的广告宣传进行市场监督。兽药局对实验药品的进口和发放提出建议。兽药局对通过为兽医师、兽药厂商、饲料厂商、畜牧场主和普通群众提供建议,以达到提升群众关心兽药使用安全意识负有责任。应当鼓励畜牧场主将药物的任何负面作用告之兽医师,且兽医师应当将这些结果上报兽药局。

四、兽用生物制剂和生物技术部门的责任

兽药生物制剂和生物技术部是加拿大食品检验局动物保健处的一个下属部门。该部门按照动物健康法规负责管理生物制剂的生产、评估、进口和注册工作。兽用生物制剂包括疫苗、菌苗、毒素、类毒素、抗血清以及用于诊断、治疗、减少和避免动物传染病发生的诊断试剂盒。该部门的其他责任还有:①确保生物制剂商品的纯度、全价、安全、有效;②保证该产品对环境、动物和人没有负面影响;③为所有的兽用生物制剂、动物组织、感染有机物以及用于疾病研究和制药工业的相关原材料签发进口许可证;④审查兽用生物制剂的广告;⑤对兽用生物制剂的副作用进行审查并责令有关生产商进行调查,必要时有权命令生产商从市场上撤回该产品。应当鼓励畜牧场主将药物的任何负面作用告之兽医师,且兽医师应当将这些结果上报兽药局。

五、饲料法规部门的责任

联邦饲料法规部门负责管理畜牧饲料及饲料原料的生产、销售和进口。由加拿大食品检验局下属的动物保健与生产部、动物产品董事会、地方植物产品检验处负责该法规的执行。这些机构的责任包括:①建立商品统一包装和商标的标准;②对产品质量进行监督以保护牧场主、家畜和公众不会遭受潜在的健康危害和市

场欺诈。③保证产品的安全性(同时考虑动物和人的健康),生产安全(是否对环境造成污染)以及反对不正常销售(欺诈行为)。

六、饲料生产商的责任

饲料生产商参与非处方药的制备与销售、药物饲料的销售等工作。他们使饲料中添加成分的种类与数量以及混合均匀度都得到了保证。他们有责任确保在饲料标签上明显地标有饲料的使用方法与相关注意事项。药物成分概要手册(CMIB)中含有饲料中可以使用药物的相关信息,其中包括动物饲料中许可使用的药物以及药物配伍。当某种药物成分的使用剂量和使用目的与 CMIB 不相符时,需要持有兽医师出具的书面处方才可使用。饲料生产商必须确保:①饲料中添加的药物仅以预防或治疗为目的,而不是作为生长促进剂;②根据食物和药物法规,饲料中所使用的药物应该有认定的登记编号;③兽医师可以直接监控动物用药后各种变化。

在发送饲料以前,饲料生产者必须自己保留一份药物饲料的处方副本。兽医师处方饲料的标签必须符合饲料法规规定的标准商标要求,即包括:①饲料生产者的姓名和地址;②加工饲料的员工姓名;③出具处方的兽医师姓名;④饲料的名称,包括添加药物成分的名称与剂量;⑤饲料的使用说明,包含该饲料可以持续使用的时间;⑥警告和注意事项;⑦饲料重量。

七、药品生产商的责任

药品生产商为了让药品在加拿大上市,必须向联邦政府递交可以证明该药物安全有效的相关资料。其中应该包括药物的化学物质、生产过程、预期使用的安全有效性,详细的草案和室内研究及田间试验结果,以及用以计划适当休药期需要的毒性和药物残留数据。如果这些资料符合食品药物法规的要求,药物生产商将得到一个在加拿大销售该药物的许可证,允许该产品根据药品标签说明进行使用。

附件 4-8

合理使用动物保健药品

养牛业的每个环节都应该对生产健康牛肉产品负有责任。消费者需要的牛肉是高质量、没有抗生素和其他药物残留、没有挫伤青淤和组织损伤以及无注射部位反应的高档牛肉。健康牛肉生产也是一个社会性关注的问题，因而必须对动物管理和牛肉生产规范给予高度重视。

一、选择适宜的药品

1. 选择持有加拿大联邦政府许可证，并且是养牛业认可使用的药品。
2. 避免使用自制药。
3. 确保药品可以随时满足需要（存货控制）。
4. 与兽医师探讨药品对不同病情的疗效。
5. 对疗效相同的药品进行成本评估。
6. 药品使用的难易度。选择药效时间长的产品以减少注射次数、牛的保定次数以及劳动力成本。尽可能根据标签说明选择可以皮下注射的药物。
7. 检查休药期，并且尽量选择可以在屠宰前不需要休药的产品。
8. 尽可能选择使用剂量低、对体组织损伤小的药品。

二、认真阅读标签确保达到最佳疗效以及最小的副作用

1. 使用药品应该严格依据药品标签上的使用剂量、给药途径、使用频率、用药持续期以及用药时间。
2. 明确使用药品的注意事项及危险性。
3. 严格执行休药期并进行详细记录。
4. 根据标签说明保存药品，及时淘汰过期或禁用药物（例如根据害虫控制法规，及时淘汰禁止使用的杀虫剂）。
5. 根据病情和动物的品种选择可以达到最大疗效的药物。
6. 根据标签说明做好准备工作，例如是否溶解稀释活菌疫苗。

三、避免不按药品标签说明使用药物

1. 在标签的规定以外用药，这意味着不按照标签上标注的药品适用动物物种、

疾病状况、给药途径、使用频率和持续期、使用时间、剂量以及休药期来使用动物保健药品。

2. 私自不按照标签说明使用药物是非法行为，除非持有兽医师出具的药方。只有当没有其他药物适用于某种特定病情时，不按照说明使用药物才有必要进行尝试，但是在育肥牛场很少发生此类情况。

3. 对非常规使用药品进行详细的记录，包括兽医师出具的治疗药方、用药日期、给药途径、动物的病情以及用药后的疗效。

4. 当非常规使用药物后，药品的休药期会发生显著变化，并且通常很难确定。因此生产者和兽医师对由于药物的非常规使用导致的任何药物残留都必须负有责任。

四、坚持进行记录

1. 详细的记录对于确保生产无药物残留的牛肉、描述和监测动物健康和产品品质都是必不可少的。

2. 记录应该永久性妥善保存。计算机数据库对大型牛场是非常重要的，工作人员能够很方便的操作计算机，使用和分析数据，确定当前的生产状况，并为改善动物健康和生产效率进行适当调整。

3. 治疗记录应该包括动物编号、治疗日期、病情、体重、体温、使用的药物、药品使用剂量、给药途径、注射部位、疗效以及对动物进行诊断和治疗的相关负责人。

4. 为了方便数据处理，相关资料也应该保存。

五、不能把不同的疫苗或抗生素溶解在同一注射器中使用

1. 把标签中注明拮抗的不同抗菌剂或生物制剂混在一起使用，将导致每种产品疗效都受到损害，而且在实际中还会引起副作用，如过敏反应和注射点脓肿。

2. 把不同药物混在同一注射器中使用，而且在药品标签上并没有注明这种配伍使用方案的使用方式为药品的超标使用，很容易导致药物残留。

六、仔细阅读标签正确准备产品

1. 只对可以在 1 个小时内使用的活菌疫苗进行使用前稀释溶解处理，否则 1 个小时后经过处理的活菌疫苗将失去活性。大致估计 1 个小时内可以接种的牛数量，并稀释处理相应剂量的疫苗。还原并使用疫苗时应该轻轻摇匀。不要将装有活菌疫苗的瓶子放在加热器上，或者将其暴露在非常寒冷或炎热的环境中。

2. 及时丢弃剩余和过期疫苗。购买药品时应注意选购与使用剂量相应的包装规格。

3. 所有药品都应该根据标签说明在适宜温度下保存。

4. 使用疫苗时应该充分摇匀，例如梭菌菌苗长时间放置后，如果没有彻底摇匀将不能保证动物接受的剂量足以引发强免疫反应。

5. 在注射前应该排尽注射器内的空气。如果免疫剂量只有 2 mL 而注射器内有 0.5 mL 空气，那么动物将得不到足以引发强免疫反应的疫苗剂量。

七、选择适宜的注射针头

1. 进行皮下或肌肉注射时使用 16 或 18 号口径的注射针头。

2. 进行皮下注射时应使用 1/2 或 3/4 英寸注射针头。

3. 进行肌肉注射时应使用 1 或 1/2 英寸的注射针头。

4. 进行静脉注射时应使用 14 或 16 号口径的针头，1.5～2 英寸的长度可以避免药物流到静脉以外，否则会导致严重的组织损伤，且动物也没有得到恢复病情所需要的足够药量。

5. 每使用 10～15 次需要更换一次针头。

6. 及时丢弃粗糙、弯曲、磨钝的针头。

八、选择最佳给药途径

1. 仔细阅读并遵守标签说明。

2. 一旦标签标明该药品可以皮下注射，就一定要采用这种给药途径。

3. 所有肌肉注射产品的注射部位均在颈部。皮下注射产品的注射部位最好也在颈部或者是在肋骨上方以及肩胛骨后上方。

4. 采用正确的注射技术。注射部位应该保持清洁，没有粪便或泥垢污染。每个注射点的注射剂量不应该超过 10 mL。各个注射点应该相距几英寸，这对需要注射多种药物和疫苗的注射方案尤其重要，因为这样可以逐天更改注射点。肌肉注射应采用垂直(或与身体呈直角)深入进针的方法。皮下注射时应捏起皮肤或用短针以一定角度插入，并且在推入药品前核实针头在皮下而不是在肌肉中。

5. 由于烙印的高温会对疫苗产生破坏作用，所以不要在即将进行烙印标记的部位注射活菌疫苗。由于经过基因修饰的活菌疫苗有多个作用位点，所以只要疫苗保持活性状态就可以促进免疫反应。

九、对动物进行适当的保定

1.正确恰当地保定动物可以防止动物发生青淤挫伤,确保药品或疫苗的有效性,避免工作人员受伤,并随时在公众面前展示良好的动物管理方式。

2.不要怕费时,认真地把保定工作做到位。

十、注意保持清洁卫生

1.保持设备清洁,以减少感染和注射点炎症反应的发生率。

2.由于注射器中残留的消毒剂在下次使用时会杀灭活菌疫苗,所以应该用热水清洗活菌注射器。

3.防止药物受到污染。

4.使用穿刺针(向你的兽医师请教如何使用)。

5.不要将注射器内的药物通过注射针头推回到瓶中。

6.不要将针头放在瓶盖上。

7.对使用过的注射器进行标记并与未用的注射器分离放置。

8.根据地方法规对已经使用过和过期的药品及药瓶进行处理。

10.锋利器械应该统一丢弃在专门盛利器的容器中。询问兽医师在哪里可以处置这些利器。

附件 4-9

牛肉中药物残留的检测

药品生产者必须向渥太华兽药局递交有关药物用尽后的相关资料，以确定该药品的休药期。休药期保证了动物在屠宰前体内药物的残留经过降解已经低于该药品规定的耐受量。耐受量指接受过药物处理的动物屠体中药物残留的允许量，它是保证人们安全消费动物性食品的药物残留的估计值。药物耐受量是经过药品毒理实验、药物可承受每日最大摄入量以及食物系数等因素计算而成的。食物系数指通过调整食物中动物性食品的比例改变每日药品摄入量。

当未履行休药期或药品资料不充分、缺少劳动力以及工人偶尔疏忽时，都会导致产品发生具有伤害性的药物残留。由于无法确定休药期，不按标签使用药物（例如对一些并不适宜使用某药物的品种施加药物），也会引发伤害性药物残留。接受药物治疗的患病动物也许并没有把药品排除体外，即使在严格执行休药期制度后也会导致药物残留发生。饲料厂偶尔混合或运送错误、运料卡车和料仓没有充分清洁，都有可能导致伤害性药物残留。

1997—1998 年，加拿大国民肉牛的所有化学物质伤害性残留平均发生率低于 1.3％（CFIA）。同期，抗生素的被动服药率是 99.96％，磺胺类药物的被动服药率是 99.6％。以前的资料表明，化学残留占人类通过食物链传染疾病的 4％。

现在肉品检测体系采用 STOP（对怀疑样本取样化验）或 CAST（犊牛抗生素、磺胺类检测）的方法，随机选取屠宰动物进行药物残留的常规抽检。CAST 最初只用于检测小于 21 日龄或体重小于 150 磅的犊牛，但现在已在所有品种任何年龄的检测中广泛使用。

除了随机对屠体抽检外，对其他动物也进行检测，包括瘫痪牛、存在明显注射点的屠体、禁食屠体药理检测、肺炎和乳房炎可疑样本以及上面所列未遵守休药期的动物。选取两种方法中一种首先对到达屠宰场的牛体肾脏在车间进行筛检。筛检过程大约需要 24 小时，那些在检测中呈阳性的屠体应该被扣留。肌肉、肾脏和注射部位（如果可以明显观察到）被送交到位于萨斯卡通的加拿大食品检验局兽药残留中心接受一系列实验室分析和试剂盒检测，确认并鉴定体组织中药物的残留。

一旦接收后，立即对肌肉和注射部位进行检测，其结果通常在1～3天内被送达屠宰厂的主管兽医师和地区办公室。一旦在肌肉中检测到伤害性残留或者已经完成所有检测的项目，该肌肉样本将停止继续检测。如何处置屠体决定于是否在肌肉中检测到了药物残留(或在肌肉注射部位检测到残留的氯霉素)。对肾脏直接进行第二步检测，即对该组织进行所有抗生素检测，以提供详细的动物用药清单。

预防伤害性药物残留应该从饲养场做起。对所有药物的休药期必须严格执行，并且尽量避免使用过期药物。发现可疑动物，如患有慢性病的牛应该采取以下方案：①休药期后在饲养场再饲喂一段时间，以保证该动物没有药物残留；②休药期后或屠宰前，在饲养场对可疑动物采用LAST(活体动物拭抹取样化验)的方法进行尿液现场药残检测；③可疑动物进场时通知饲养场的检测员采取必要的预防措施来确保没有药物残留进入食物链。

LAST检测法与STOP和CAST检测法类似，后两种检测法适用于屠宰场。实施检测还需要一些额外的设备，如培养箱。该检测方法也许并不能检测到你在治疗患病动物时所使用的抗生素药物。如果检测方法使用不当，样本没有正确储存或已经过期，都会导致错误的检测结果。包括检测的灵敏度高低在内的这些因素是所有筛选检测方法都存在的限制性因素。要想进一步了解采用LAST方法对肉用牛进行饲养现场残留检验实用性等问题，可以向当地的兽医师进行咨询。

药物残留的其他相关信息可以从“食用动物药物残留避免数据库(FARAD)”中获得。FARAD是一个综合关于已批准使用的药物、杀虫剂和环境污染物在食用动物上避免残留信息的数字化信息数据库。加拿大的这个数据库仍处于建设之中。农场主、推广人员和兽医师可得到该数据库服务。同你的兽医师取得联系，了解有关如何进入该数据库的信息。

附件 4-10

在母牛/犊牛繁育场中患病、受伤和精神抑郁家畜的处理

高质量动物产品的生产和保证产品生产过程中人道地对待动物对于养牛业和消费者都很重要。本附件给从业人员提供了一些基本原则，试图在改善牛肉品质的同时又提高动物的福利。

在高效率管理制度减少了劳动力的同时，畜牧业生产中又经常发生动物患病、受伤以及精神抑郁的情况。然而，饲养人员能够清楚对这些动物如何管理吗？

面对患病、受伤或精神抑郁的动物，饲养人员在决定是否对动物采取治疗的同时，必须考虑到动物性产品的质量、治疗的人道性以及经济效益等问题。运输并上市出售属禁食的家畜是不允许的。

另一个需要考虑的问题是，淘汰动物在何处上市，以及怎样出售？如果患病或受伤动物能够抢救，饲养人员应该努力使它们尽快运送到最近食品加工厂去。多次转运会导致动物更加虚弱、恶化甚至死亡。

动物及时上市也是非常重要的。对这些动物延迟进行适宜的治疗，在某种程度上既是不经济的，也是对动物不人道的行为。动物的体况随着时间延长会逐渐下降，在运输过程中更容易出现问题。

运输

患病、受伤以及精神抑郁的动物对运输过程中应激的抵抗能力下降。它们的情况更容易发生恶化，甚至在并不拥挤的集装箱中也可能出现肢蹄病等问题。在运送这些动物前，饲养人员和运输工作人员应该先进行下列检查：

1. 该动物是否适宜食用？充分考虑动物属禁食屠体的状况和药物残留情况。

2. 能否考虑采用人道的方式运输动物？如果动物遭受过分的痛苦，此过程将被认为是非法运送。

3. 动物的去向是否合理？可以治愈的动物应该直接送去屠宰，而不是送到拍卖市场。

4. 患病等异常动物与健康家畜是否进行了隔离？患病动物应该与其他健康家畜进行隔离，并且应该被安排在运送拖车的尾部，以便在运送过程中出现任何问题时可以方便地进行处理。

5. 运输动物的卡车或拖车是否有充足的站立空间和垫草。尤其在冬季，垫草

是非常重要的。除非给动物提供防风保护和充足的俯卧垫草，否则寒冷的气候会使卡车中隔离运送家畜的体温迅速下降。

6.动物在运输前是否得到了充分的休息、饲料以及饮水？运输时间超过 24 小时的动物必须在装车后 5 小时内得到休息、饲喂以及饮水。

家畜的进口、出口以及在加拿大境内的运输等活动，均受到联邦动物健康条例（第 12 部分）的管理。这些规程给个体装卸及运输家畜提出了“必须遵守”和“严格限制”的注意条款，以保障动物在运输过程中的福利。任何装运这些动物的人员（包括动物生产者和运输的工作人员）必须依法对所运送的动物负责，并且了解相关的法律。家畜运输法规对这些规程进行了归纳总结。

关于某个动物是否能够被治癒并进行运输等问题，可以向本省牛屠宰局的兽医师直接咨询。

关于本省屠宰场和流动屠宰户的信息，可以从省农业部获得。

有关动物运输和联邦法规的任何问题或忧虑，可以直接向离你最近的 CFIA 地方兽医师咨询。

图 4-1 是肉牛育肥厂和农场的决定流程图，适用于受伤、体况不佳或患病动物。这些动物不应该流向拍卖市场。本资料信息由 Dr. Margaret Fisher、美国饲料监督官协会（AAFC）提供。

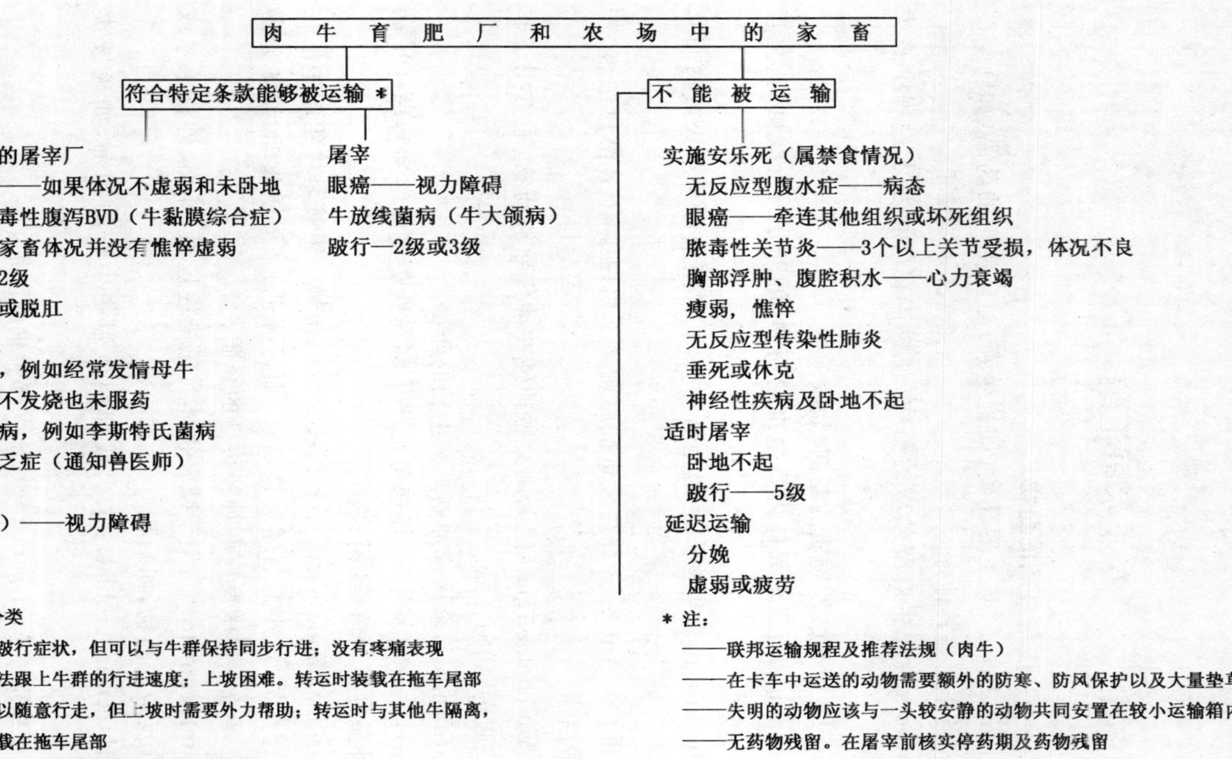

图4-1 肉牛育肥厂和农场的决定流程图

附件 4-11

专业术语汇编

镇痛药(Analgesic):缓解疼痛的药物。

辅助药(Ancillary Drug):与主要药物(如抗生素)配合使用的药品(如阿司匹林),可以提供如抗炎作用等其他疗效。

麻醉药(Anesthetic):产生麻醉效应的药物(使机体在外科手术过程中丧失痛觉)。

抗酸剂(Antacid):中和酸性物质的制剂,如碳酸钠。

驱虫剂(Anthelmintic):能杀灭体内寄生虫的药物,可以分为抗线虫药、抗吸虫药和抗绦虫药。

抗生素(Antibiotic):由微生物产生的化学物质,其稀溶液即可杀灭或抑制其他微生物的生长。

抗体(免疫球蛋白)(Antibody):在大量抗原刺激下由白细胞(B 淋巴细胞)产生的特异性血浆蛋白质。

抗胆碱能药(Anticholinergic):阻断副交感神经冲动传导的药物,通常用于非特异性治疗呕吐或腹泻,如阿托品。

抗真菌药(Antifungal):杀灭或抑制真菌生长的药物。

抗原(Antigen):在特定条件下,任何可以产生特异性免疫应答和特异性抗体的物质,如毒素、外源性蛋白质、细菌、病毒。

抗组胺剂(Antihistamime):抵消中和组胺影响的药物。组胺是体组织中的化学物质,可以引起组织肿胀、小血管通透性增加、血压降低、平滑肌收缩、胃酸分泌增多、心率加速;它是急性过敏反应和神经传导的介质。

消炎药(Anti-inflammatory):用于减轻机体对感染性抗原、外伤、外科手术或骨骼肌肉疾病炎症反应的药物,如磺胺。

抗微生物制剂(Antimicrobial):杀灭或抑制微生物生长的制剂,如硫胺类药物。

抗寄生虫药(杀虫剂)(Anti-parasitic):杀灭寄生虫的制剂。

解热药(Antipyretic):解热退烧的药剂,如冰袋、阿司匹林。

抗菌剂(防腐剂)(Antiseptic):任何可以抑制细菌生长的物质,并且区别于可以完全杀死细菌的杀菌剂。包括消毒剂、物理性抗菌剂、化学性抗菌剂、卤素、乙醇和表面活性剂，但不包括抗生素。

抗血清(Antiserum)：通常是通过体组织或血液注射或感染抗原使动物产生抗体，再从动物体提取的含有抗体的血清。通常被用作传染性疾病的预防、治疗或诊断。

抗毒素(Antitoxin)：机体对毒素或类毒素免疫应答产生的特殊种类的抗体。

收敛剂(Astringent)：引起收缩或阻止分泌的制剂，如在治疗腹泻中使用的单宁酸。

自体疫苗(Autogenous Vaccine)：从接种疫苗的动物体自身伤口分离培养获得的疫苗。

细菌(Bacteria)：一种单细胞微生物，与其他生物体不同，缺乏真核和细胞器(如线粒体、叶绿体及溶酶体)，如溶血巴斯德菌、睡眠嗜血杆菌、大肠埃希氏菌 O_{157}：H_7、梭菌、沙门氏菌。

菌苗(Bacterin)：包含灭活细菌的疫苗。

生物制剂(Biologic)：用活有机体及其产物制备成的药物制剂，包括血清、疫苗等。

协商饲料配方(Consultant Formula Feed)：为了满足特定客户的需求配制和生产的饲料，买主不得转销该饲料。

控制药物(Controlled Drugs)：买卖权和使用权均受到法律制约的药物。受制约程度取决于与非受制约药物一起使用的危险程度。包括安非他明、巴比妥酸盐等。控制药物的使用需要兽医师的处方，而且只能提供给在兽医院住院或出院的病畜使用。

用户委托配合饲料(Customer Formula Feed)：根据顾客(如畜牧业经营者或饲养人员)提供的饲料配方配制而成的饲料，并且购买者不再用于销售。

洗涤剂(Detergent)：用于净化或清洗的制剂，如肥皂。只要正确稀释使用，大多数洗涤剂是无毒的。

消毒剂(Disinfectant)：杀灭病原微生物的制剂。因为其药效太强，不能用于有生命的组织，多用于地板和设备等物体消毒。

利尿剂(Diuretic)：促进尿液分泌的制剂。

药物(Drug)：用于以下目的而经过合成(全部或部分合成)、加工和销售的任何物质：①人或动物的疾病、功能障碍、生理状态异常或典型症状的诊断、治疗、镇痛或防止；②恢复、调整或改变人或动物机体功能；③食品生产或储藏的消毒处理。

药物副作用(Drug adverse reaction)：使用药品所意外产生的任何负面效应，如相关的损伤、中毒和过敏反应以及其药理学活性意外失效。

药物过敏(过敏症)(Drug Allergy / hypersensitivity):对药物的过敏现象,如皮肤过敏反应。

药物拮抗(Drug Antagonism):不同药物竞争性结合同一个受体。它们可能没有各自的药理学效应,或者有可能逆转或改变已有的效应。

药物配伍(Drug Combination):为了满足特定的需要,将几种药物组合一起使用的配方药物策略。如乳房炎乳膏就是将抗生素同消炎药物组合。缺点是一种药物的剂量会决定另一种药物的使用剂量。在大多数情况下,最好是每一种药物的效果都能独立控制。

药物配伍禁忌(Drug Incompatibility):可能是化学性禁忌,如药物相互反应产生气体、沉淀或类似结果;可能是药理性禁忌,即两种药物对组织的作用相反;或者是制药学方面的禁忌,如不溶解或不能溶合。

药物残留(Drug Residue):给药后特定时间能够在动物体组织中检测到的药物含量。

药物安全系数(Drug Safety Margin):产生最大疗效所需要的药品剂量与导致中毒的剂量之间的差量范围。药物注册时需要这个指标。

药物协同作用(Drug Synergism):药物联合使用后使其疗效大于每种药物作用的代数和,如抗生素的协同作用。

失效日期(Expiration Date):本日期有如下含义:①在此日期前药物能够维持其标记药效、纯度、物理特性;②物品生产商建议不要在此日期之后继续使用本药物。

浓缩疫苗(Exact Vaccine):含有抗原浓缩制剂的疫苗。通常是将细菌细胞悬浮在缓冲液中,振荡破碎并且全部保留制得。

不按说明给药(Extra-label Use/Off-label):指在实际或打算使用的过程中不按新药说明给食用动物投药。它包括但不局限于:①不按照标签上列出的畜种和指征给药;②未按照标签标明的剂量给药;③与说明书的给药途径、间隔时间和持续用药期不符;④未遵守说明的休药期。不按药物使用标签规定使用或开列处方的任何人,都违反了人类食品伤害性药物残留限制法规。

血红素(Haematinic):改善血液品质,提高血红蛋白水平和血液中红细胞数量的制剂,如铁、动物肝浸膏、复合维生素 B。

止血剂(Haemostatic):抑制血液流动的制剂。

激素(Hormone):由体细胞产生,随血液传送到靶细胞和器官,并产生特定调节作用的化学介质。动物的生长、繁殖、新陈代谢、性特征及行为均受到激素的调节。

免疫(Immunity):指动物机体对特异性抗原形成保护性免疫效应。

离子载体(Ionophores):任何可以增加细胞膜对特定离子(带有正负电荷的原子或原子团)穿透性的分子,如莫能菌素、拉沙里霉素、盐霉素。

灭活疫苗(Killed Vaccine):用失去毒性但保持产生保护性免疫反应能力的活微生物制备而成的疫苗。

药物(Medicine):用于人或动物疾病和伤痛的治疗、缓解以及预防的所有内服及外用药品。

修饰弱毒活菌菌苗(Modified Live Virus Vaccine):由毒力已经减弱的活微生物制得的疫苗。

多价疫苗(Multivalent/Polyvalent Vaccine):用多种菌株或不同微生物菌种制备而成的疫苗。

麻醉剂(Narcotics):包括鸦片、可卡因、吗啡、杜冷丁等药物。大多数牛用麻醉剂需要由有行医执照的兽医师开具处方才可以购买使用。

非处方药-目录F,第二部分(Non-Prescription——Schedule F,Part II):如果标签上标明"兽医或农业专用"或药品剂型无法对人造成影响,这些药品可以无需兽医处方进行买卖。但是兽医的职责要求其提供完整的药品信息(如休药期)并努力确保药品的正确使用。

国家科学研究委员会(NRC):美国科学院全国科学研究委员会建立的家畜最低营养需要标准。

寄生物(Parasite):依靠其他生物或在其他生物内部生活以获得益处的植物或动物。例如线虫-蛔虫;节肢动物——包括蜘蛛,昆虫,甲壳动物;绦虫;艾美球虫-双孢子球虫;肝片吸虫。

注射用药(Parenteral Use):通过皮下注射器、皮下注射针或其他装置刺入或穿透皮肤或肌肉黏膜的方式给药的制剂。

杀虫剂(Pesticide):用于杀灭多种害虫的毒药,如有机磷酸盐复合物、拟除虫菊酯。

处方(Prescription):处方是由有行医执照的兽医师根据特定患畜以书面或口头形式开出的药物组成和用量方案,并且该兽医师应该与此用户建立正常的兽医师-客户-病畜的关系。

处方药-目录F-第一部分＜PR＞-1(Prescription Drugs-Schedule F Part I＜Pr＞-1):①为了保护药物的治疗可用性或最小副作用,通过或根据有资格兽医师开列的处方来限制销售和使用的药物;②使用药物需要病例已进行过适当的病理确诊或已有充分的关于特定动物健康的最新知识;③属于所要非所供的药物;

④该药物不能由非专业人员在柜台销售；⑤必须提供详细的使用说明。

益生菌(Probiotic)：在消化道内有助于建立微生物区系最佳平衡状态的微生物，例如乳酸杆菌。

前列腺素(Prostaglandin)：前列腺素是天然的脂肪酸，可以刺激平滑肌收缩、降低血压、调节胃酸分泌、调节体温和使血小板聚集、调控炎症反应发生及血管通透性，并且影响与激素有关的活动。在养牛生产上的主要用途是治疗和调节雌性生殖道的活动性。

瘤胃调节剂(Ruminatoric)：瘤胃功能的生化调节剂。

血清(Serum)：血浆中清澈、淡黄色的液态成分，不含有纤维蛋白原或血细胞，并且在血液凝固后仍可以保持流动性。

类固醇(Steroids)：一类复杂的分子，例如雌激素和雄激素（睾酮、雌甾激素）。这类激素产生于肾上腺皮质，包括肾上腺皮质素。

亚单位疫苗(Subunit Vaccine)：仅含有传染性因子特异性抗原蛋白质的疫苗。

皮赘(Tag)：动物皮褶里的污垢和粪便。

类毒素(Toxoid)：经过加热或化学试剂处理破坏毒素毒性，保留其结合或刺激抗体（抗毒素）产生能力的毒素，例如梭菌疫苗。

镇静剂(Tranquilizer)：使紧张焦虑的患畜放松安静的药物。

疫苗接种（免疫）(Vaccination/Immunization)：使动物产生免疫应答的过程。

疫苗(Vaccine)：弱毒或灭活微生物（病毒、细菌、立克次氏体）的悬浮液，用于传染性疾病的预防、缓解或治疗。

兽医师-客户-病畜关系(Veterinarian-Client-Patient Relationship)：①兽医师根据动物的健康情况和需要进行的治疗做出临床判断并愿意对此负责，而且客户同意兽医师的治疗方案；②兽医师已经了解了足够的动物的情况，能够对动物的医疗条件做出大致或初步的诊断。这意味着兽医师通过检查动物或适时的到动物的饲养现场探察，看到并亲自了解了动物近期的饲养管理情况；③如果病情恶化或治疗没有效果，兽医师已经做好准备进行进一步的诊断，或安排了紧急情况的处理。满足上述条件后一个正确的兽医师-客户-病畜关系就建立了。

兽医处方饲料(Veterinary Prescription Feeds)：根据有行医执照的兽医提供的书面处方生产的加入药物成分的饲料。

病毒(Viruses)：一类特殊的感染性抗原，最初根据其体积细微且在活的宿主细胞外不能复制予以区分。例如：牛传染性鼻气管炎、BRSV、BVD、PI_3。

休药期(Withdrawal Period)：食品中特定药物的残留量降低到容许量所需要的时间。

附件 4-12

肉牛用药休药期

表 4-13 列出了各种药物(按字母顺序排列)的使用说明、给药途径和相应的休药期。

所列出的休药期仅针对使用说明上的药物剂量。

当休药期注明为 0 时,说明:

(a)产品使用说明上注明不需要休药期;

(b)产品使用说明上没有注明要求有休药期。

表 4-12 休药期表中的缩写词

I. A.	关节注射	I. M.	肌肉注射
I. M. M.	乳房注射	I. N.	鼻内的
I. P.	腹膜注射	I. R.	胃内的
I. U.	子宫注射	I. V.	静脉注射
S. C.	皮下注射		
d	天数	h	小时
C	处方药	Pr	药方

● 使用剂量的不同均可能导致药物的休药期也不同。为了避免出现药物残留的问题,用药时请咨询兽医。

表 4-13 肉牛用药休药期

产品(公司)	途径	w/时间
2Sulfamed(Medprodex)	口服	10 天
3-Sulvit(A. P. A.)	口服	10 天
Accpro-25(Bimeda-MTC)	肌肉,腹腔,静脉	7 天
Acetylsalicylic Acid Bolus(P. V. U)	口服	0
AC Promazine(Vetoquinol)	肌肉,腹腔,静脉	7 天
Adspec™消毒液 (Pharmacia & Upjohn)	皮下	11 天
After-Calf Bolus(Dominion)	子宫	10 天

续表 4-13

产品(公司)	途径	w/时间
After-Calf Bolus(P. V. L.)	子宫	10 天
Alamycin LA(A. P. A.)	肌肉	21 天
Alphasel Powder(Ayerst)	口服	21 天
Amino-Complex LF(A. P. A.)	肌肉,静脉	0
Amprol® 9. 6%Solution(Merial)	口服	7 天
Amprol® 25%Feed Mix(Merial)	口服	7 天
Anafen® Injection 100 mg/mL[Pr] (Merial)	肌肉,静脉	1 天
Anti-Bloat(P. V. L)	口服	0
Anti-Gaz Emulsion(P. V. U.)	口服	0
组织胺(Vetoquinol)	肌肉,静脉	7 天
Antihist Solution(P. V. L) 注意:其他类似药物要求的休药期为 7 天	肌肉,皮下	0
Apacide(A. P. A.)	局部	0
Apavap(A. P. A)	局部	0
A. P. L. * (Ayerst)	肌肉,静脉	0
A. S. A. Bolus(A. P. A.)	口服	0
Ascorbic Acid Inj. U. S. P. (Dominion)	肌肉,静脉	0
Asen(Jaapharm)	口服	0
Asen 240 Bolus(Jaapharm)	口服	0
Astringent Powder (Bimeda-MTC)	口服	10 天
Astrival Bolus(6 g)(Vetoquinol)	口服	0
Astrival Bolus(12 g)(Vetoquinol)	口服	0
Atravet * Injectable(10 mg)(Ayerst)	肌肉,静脉	7 天
Atravet * Injectable(25 mg)(Ayerst)	肌肉,静脉	7 天
Atravet * Soluble Granules(Ayerst)	口服	7 天
Atroban™ Ear Tags (Schering-Plough)	耳记	0

续表 4-13

产品(公司)	途径	w/时间
Atropine Sulphate Injectable[Pr] (Bimeda-MTC)	肌肉,静脉,皮下	0
Atropine Sulphate Solution[Pr] (Vetcom)	肌肉,皮下	0
Atro-SA[Pr] (Rafter 8)	肌肉,静脉,皮下	0
Aureomycin® 50 G(Hoffmann-La Roche)	饲料中	5 天
Aureomycin® 100 G(Hoffmann-La Roche)	饲料中	5 天
Aureomycin® Soluble Powder (Ayerst)	口服	18 天
Aureomycin® Sulmet® CalfScour Oblets® (Ayerst)	口服	10 天
Aureomycin® Uterine Oblets® (Ayerst)	子宫	0
Aureomycin® Vitamin Premix Crumbles (Hoffmann-La Roche)	口服	5 天
Aureo S®-700 Beef Cattle Vitamin Premix Crumbles (Hoffmann-La Roche)	口服	10 天
Aureo S®-700G(Hoffmann-La Roche)	口服	10 天
Aureo-Sulfa-Vit (V-S Feed & Agri Supplies)	饲料	10 天
Azium® Powder(Schering-Plough)	饲料	0
Azium® Solution(Schering-Plough)	肌肉,皮下	0
Banminth* Ⅱ 20%Premix(Pfizer)	口服	30 天
Bar Vac™ 3 (Boehringer)	肌肉	21 天
Bar Vac™ 3-BRSV(Boehringer)	肌肉	21 天
Bar Vac™ 3/Somnugen (Boehringer)	肌肉	21 天
Bar Vac™ 3/Somnugen-BRSV (Boehringer)	肌肉	21 天
"Bell's"Cattle Cathartic(Dominion)	口服	0
Benzapro [Pr] (Medprodex)	肌肉	14 天
Bimotrim™ Injection [Pr] (Vetrepharm)	肌肉,静脉	10 天
Biocid(Ayerst)	肌肉,静脉	0
Bio-Mycin™ 200(Boehringer)	肌肉 皮下	28 天 48 天

续表 4-13

产品(公司)	途径	w/时间
Biosol® Liquid (Pharmacia & Upjohn)	口服	30 天
Blacklegol® 7with Spur® (Bayer)	肌肉,皮下	21 天
Blacklegol® 8with Spur® (Bayer)	肌肉,皮下	21 天
Bloat-Aid (Citadel)	口服	0
Bloat-Go (Dominion)	口服	0
Booster P S Conc. (Jaapharm)	口服	5 天
Borgal® Pr (Hoechst Roussel Vet)	肌肉,静脉	10 天
Boss® Pour-On (Schering-Plough)	局部	1 天
Bovaid® Fly Tags (Novartis) 注意:屠宰前撕开标签	耳记	0
Bovatec® Medicated Premix (Hoffmann-La Roche)	口服	0
Bovidigest (Jaapharm)	口服	0
Bovi-Shield™ 3(Pfizer)	肌肉	21 天
Bovi-Shield™ 4(Pfizer)	肌肉	21 天
Bovi-Shield™ 4+L5(Pfizer)	肌肉	21 天
Bovi-Shield™ BRSV(Pfizer)	肌肉	21 天
Bovi-Shield™ IBR-PI_3 (Pfizer)	肌肉	21 天
Bovi-Shield™ IBR-PI_3-BRSV(Pfizer)	肌肉	21 天
Breed Back 9/Somnugen™ (Boehringer)	肌肉	21 天
BRSV Vac® (Bayer)	肌肉	21 天
BRSV Vac® 3(Bayer)	肌肉	21 天
BRSV Vac® 4(Bayer)	肌肉	21 天
BRSV Vac® 9(Bayer)	肌肉	21 天
Calf-Guard™ (Pfizer)	肌肉,口服	21 天
CalfScour Bolus(P. V. L.)	口服	30 天
CalfSpan* (Pfizer)	口服	28 天

续表 4-13

产品(公司)	途径	w/时间
CattleMaster® 3(Pfizer)	肌肉	21 天
CattleMaster® 4(Pfizer)	肌肉	21 天
CattleMaster® 4＋L5(Pfizer)	肌肉	21 天
CattleMaster® 4＋VL5(Pfizer)	肌肉	21 天
CattleMaster® BVD-K(Pfizer)	肌肉	21 天
Cefa-Dri* Pr(Ayerst) 注意:30 日龄的牛犊禁用。仅用于干奶期的奶牛	乳房	42 天
Cefa-Lak * Pr(Ayerst)	乳房	4 天
Centra ASA 60 (Central Sales)	口服	0
Centra ASA 240 (Central Sales)	口服	0
Centra Progestin Pr(Central Sales)	肌肉	0
Centravite B-12 5000 (Central Sales)	肌肉,静脉	0
Certreat® Scour Oblets® (Ayerst)	口服	30 天
Chlor 50(Bio Agri Mix)	口服	5 天
Chlor 100(Bio Agri Mix)	口服	5 天
Chlorosol-50(A. P. A.)	口服	5 天
Chlor-S-700 (Bio Agri Mix)	口服	10 天
Chorionad (Vetcom)	肌肉	0
Chorulon® (Intervet)	肌肉,静脉	0
Chymolean® Injectable(Bimeda-MTC)	肌肉,局部	0
CIDR® Cattle Device (Vetrepharm)	阴道	24 小时
Clotol * (Pfizer)	肌肉,腹腔 口服,皮下	0
Cocci Bol-O-Tab® (Hoechst Roussel Vet)	口服	10 天
Cocci Bol-O-Tab® Jr. (Hoechst Roussel Vet)	口服	10 天
Colimune®-Oral (Veterepharm)	口服	0
Colostrx® (Schering-plough)	口服	0

续表 4-13

产品(公司)	途径	w/时间
Component™ E-C(Elanco)	移植	0
注意:禁止以静脉给药的途径给牛犊用药。 体重超过 185 kg 的牛犊仅用。 仅供植入耳后使用。并且植入药的耳朵不能作为人或动物的食物。		
Component ™ E-H(Elanco)	移植	0
注意:仅供植入耳后使用。并且植入药的耳朵不能作为人或动物的食物		
Component ™ E-S(Elanco)	移植	0
注意:仅供植入耳后使用。并且植入药的耳朵不能作为人或动物的食物		
Component ™ TE-S(Elanco)	移植	0
注意:仅供植入耳后使用。并且植入药的耳朵不能作为人或动物的食物		
Compudose® Implants(Elanco)	移植	0
注意:仅供植入耳后使用。并且植入药的耳朵不能作为人或动物的食物		
Co-op Aero-Tack Ⅱ(IPCO)	局部	0
Co-op Aureomycin ™ Vitamin Premix Crumbles(IPCO)	口服	5 天
Co-op Banminth Ⅱ®(IPCO)	口服	30 天
Co-op Barn Spray and Back Rubber(IPCO)	局部	7 天
Co-op CalfScour Tablets (IPCO)	口服	10 天
Co-op Dairy Gard(IPCO)	局部	0
Co-op Louse Powder (IPCO)	局部用药	0
Co-op Neo-Chlor®(IPCO)	口服	10 天
Co-op Pinkeye Spray (IPCO)	局部用药	0
Co-op Poly-Tonine A Super™ Booster No. 1 (IPCO)	口服	5 天
Co-op Ringworm and Footrot Dressing (IPCO)	局部用药	0
Co-op Scour Solution (IPCO)	口服	30 天
Coppercure (Equivet)	局部用药	0

续表 4-13

产品(公司)	途径	w/时间
Copperox (Univet)	局部用药	0
Coppersept (Citadel)	局部用药	0
Co-Ral® 1%Shaker Can (Bayer)	局部用药	0
Covexin® 8 (Schering-Plough)	肌肉,皮下	21 天
Cyanocobalamin Injection U. S. P. (Dominion)	肌肉,静脉,皮下	0
Cydectin® Injection (Ayerst)	静脉	36 天
Cydectin® Pour-On (Ayerst)	局部用药	36 天
CyLence® Pour-On Insecticide (Bayer)	局部用药	1 天
Debantic® 50 WP (Boehringer)	局部用药	0
Deccox® 6% Premix (Alpharma)	混饲	0
Dectomax★ Injectable Solution (Pfizer)	肌肉,皮下	40 天
Dectomax★ Pour-On Solution (Pfizer)	局部用药	55 天
Defensor® 3 (Pfizer)	肌肉	21 天
DeLice™ Pour-On (Schering-Plough)	局部用药	1 天
Depocillin® (Intervet)	肌肉	10 天
Derapen™ SQ/LA (Ayerst)	皮下 肌肉	14 天 21 天
Dexadreson (Intervet)	肌肉,静脉	0
Dexamethasone 2 (Dominion)	肌肉,静脉	0
Dexamethason 5 (Vetoquinol)	肌肉,静脉	0
Dexamethasone 21 Phosphate Injection (Dominion)	肌肉,皮下	0
Dexamethasone Injection (P. V. L.)	肌肉,静脉	0
Dexamethasone Powder (Dominion)	口服	0
Dexone (Jaapharm)	口服	0
Disvap Ⅲ (Dispar)	局部用药	0
Disvap Ⅳ (Dispar)	局部用药	0

续表 4-13

产品(公司)	途径	w/时间
Disvap Aqua (Dispar)	局部用药	0
Disvap Ear Tags (Dispar)	见标签	0
Disvap Livestock Spray and Fogging Solution (Dispar)	局部用药	0
Disvap Spray (Dispar)	局部用药	0
Disvap B (Dispar)	肌肉,静脉	0
Dixazone (P. V. U.)	肌肉,静脉	0
D. P. Booster (Citadel)	口服	5 天
Dri-Kil™ Louse Powder (Schering-Plough)	局部用药	0
Duplocillin® LA Pr (Intervet)	肌肉	14 天
Dusting Powder (Dominion)	局部用药	0
Dystosel★ (Pfizer)	肌肉,皮下	21 天
Dystosel★ DS (Pfizer)	肌肉,皮下	21 天
Ecostar™ 2RC (Biostar/Biowest)	肌肉	21 天
E. C. P.® Sterile Solution (Pharmacia & Upjohn)	肌肉	0
Ectiban® 25 Fly Killer (Schering-Plough)	局部用药	7 天
EctoGrad® Cattle Insecticide Ear Tag (Boehringer)	见标签	0
Eliminator® Ear Tags (Novartis)	见标签	0
Endovac-Bovi™ (Bayer)	肌肉注射	60 天
Enterolyte (Bimeda-MTC)	口服	30 天
E Plus Powder (Dominion)	口服	21 天
Equ-E-Sel (Centaur)	口服	21 天
Equinex★ (Ayerst)	肌肉,静脉,皮下	7 天
Erythro®-200 (P. V. U.)	肌肉	14 天
E-Sel (Citadel)	肌肉	35 天
Esnate (Jaapharm)	肌肉	0
Estradiol Cypionate in Oil (P. V. L.)	肌肉	0

续表 4-13

产品(公司)	途径	w/时间
Estrumate® Pr (Schering-Plough)	肌肉	2 天
Ethamycin★ (Pfizer)	肌肉	30 天
Excenel® Sterile Powder Pr (Pharmacia & Upjohn)	肌肉	0
Exhelm-E★ Dewormer Pellets (Pfizer)	口服	30 天
Eye and Wound Powder (Ayerst)	局部用药	0
Fermicon 7-Somngen™ (Boehringer)	肌肉,皮下	21 天
Fertiline★ Pr (Vetoquinol)	肌肉	7 天
First Defence™ (Boehringer)	口服	0
Flucort® Injection (Ayerst)	肌肉,静脉	4 天
Folligon (Intervet)	肌肉,静脉,皮下	7 天
Folltropin®-V (Vetrepharm)	肌肉	10 天
Folltropin® 7 (Pfizer)	皮下	21 天
Fortress® 8 (Pfizer)	皮下	21 天
Gallimycin® 200 (A. P. A.)	肌肉	14 天
Gentocin® Solution Injectable (50 mg) Pr (Schering-Plough)	子宫用药	30 天
Gentocin® Solution Injection (100 mg) Pr (Schering-Plough)	子宫用药	30 天
Hava-Span™ (Bayer)	口服	21 天
HB Injection (Bexco)	肌肉,静脉	0
HeadStart™ (Biostar/Biowest)	口服	0
Hemo-15 (Sterivet)	肌肉,静脉	0
Hemo-Plus (Dispar)	肌肉,静脉	0
Hemostam (Rafter 8)	肌肉,静脉	0
Hepavit FCC (Medprodex)	肌肉,静脉	0
Herd-Vac™ 2 (Bayer)	肌肉,皮下	21 天
Herd-Vac™ 3 (Bayer)	肌肉,皮下	21 天

续表 4-13

产品(公司)	途径	w/时间
Hi-Pencin 300 (Equivet)	肌肉	10 天
Horizon® 1+Vac 3 (Bayer)	肌肉,皮下	21 天
Horizon® 4 (Bayer)	肌肉,皮下	21 天
Horizon® 9 (Bayer)	肌肉	21 天
IBR-PI_3 48™ (Boehringer)	肌肉	21 天
IBR-PI_3/Somnugen™ (Boehringer)	肌肉	21 天
Immu-Start® (Kane)	口服	0
Imrab® 3 (Merial)	静脉,皮下	21 天
Imrab® Bovine Plus (Merial)	静脉,皮下	21 天
Intrafur Solution (P. V. L.)	子宫用药	0
Ivomec® Eprinex™ Pour-On (Merial)	局部用药	0
Ivomec® Injection for Cattle, Sheep and Swine (Merial)	皮下	35 天
Ivomec® Pour-On (Merial)	局部用药	49 天
Ivomec® SR Bolus (Merial)	口服	184 天
J-Vac™ (Merial)	肌肉,皮下	21 天
Kaobiotic® Bolus (Pharmacia & Upjohn)	口服	30 天
Kaopectate® Suspension (Pharmacia & Upjohn)	口服	0
Kelamycin Intrauterine Suspension (Vetoquinol)	子宫给药	18 天
Keraplex (Dominion)	局部用药	0
Kopertox (Ayerst)	局部用药	0
Kopper Kare (Dominion)	局部用药	0
Koppersol (P. V. L.)	局部用药	0
K. R. S. ® Spray (Bayer)	局部用药	7 天
Lasix® Injection (Hoechst Roussel Vet)	肌肉,静脉	2 天
Leptoferm™-5 (Pfizer)	肌肉	21 天

续表 4-13

产品(公司)	途径	w/时间
Lido-2 (Rafter 8)	硬膜外用药， 渗透剂， 神经阻断剂	5 天
Lidocaine 2% with Epinephrine (Vetoquinol)	硬膜外用药， 渗透剂， 神经阻断剂	5 天
Lidocaine HCl 2% (Ayerst)	硬膜外用药， 渗透剂， 神经阻断剂	0
Lidocaine Hydrochloride 2% with Epinephrine (Bimeda-MTC)	硬膜外用药，肌肉 渗透剂， 神经阻断剂	0
Lidocaine Hydrochloride 2% with Epinephrine 1∶100 000 (P. V. L.)	硬膜外用药， 渗透剂， 神经阻断剂	0
Lidocaine Neat (Ayerst)	硬膜外用药， 渗透剂， 神经阻断剂	0
Liquamycin★ LA-200★ (Pfizer)	肌肉 皮下	28 天 48 天
Liquamycin★ LP★ (Pfizer)	肌肉，静脉	18 天
Liqui-Char®-Vet (Daniels)	口服	0
Liver-Folic Acid-B_{12} (Vetoquinol)	肌肉	0
Longisil Pr (P. V. U.)	肌肉	14 天
Louse Kill (A. P. A.)	局部用药	7 天
Lurocaine (vetoquinol)	硬膜外用药， 渗透剂， 神经阻断剂	5 天
Lutalyse® Sterile Solution Pr (Pharmacia & Upjohn)	肌肉	2 天
Lutropin®-V (Vetrepharm)	静脉，皮下	0

续表 4-13

产品(公司)	途径	w/时间
Lysoff™ (Bayer)	局部用药	35 天
Lyte Sol (Jaapharm)	口服	0
Malathion 50 (Dispar)	局部用药	30 天
Maxi/Guard™ Pinkeye Bacterin (Addison)	皮下	21 天
Medivit (A. P. A.)	口服	5 天
Metricure Pr (Intervet)	子宫给药	2 天
MGA 20 (V-S Feed & Agri Supplies)	口服	48 小时
MGA® 100 Premix (Pharmacia & Upjohn)	口服	2 天
Micotil® Pr (Provel)	皮下	28 天
Mineral Oil (A. P. A.)	口服	0
Mineral Oil (Dominion)	口服	0
Mineral Oil (P. V. U.)	口服	0
Mineralytes Injectable (P. V. U.)	口服	0
Mu-Se® Injectable (Schering-Plough)	肌肉,皮下	30 天
Naquasone® Bolus (Schering-Plough)	口服	21 天
Naquasone® Injectable (Schering-Plough)	肌肉	21 天
Nasalgen★ IP (Schering-Plough)	IN	21 天
Neguvon® (Bayer)	局部用药	21 天
Neo-Chlor® (A. P. A.)	口服	10 天
Neo-Chlor® (P. V. U.)	口服	10 天
Neomed 325 (Medprodex)	口服	30 天
Neomix® Soluble Powder (Pharmacia & Upjohn)	口服	30 天
Neomycin 325 (A. P. A.)	口服	30 天
Neo-Oxymed (Medprodex)	口服	30 天
Neorease (Bimeda-MTC)	口服	30 天
Neo Sulfa-E Bolus (P. V. U.)	口服	30 天

续表 4-13

产品(公司)	途径	w/时间
Neo-Sulfalyte★ Boluses (Pfizer)	口服	30 天
NeoSulf Plus (Citadel)	口服	30 天
Neo-Terramycin★ 50/50 Premix (Pfizer)	口服	7 天
Neo-Tet (Citadel)	口服	30 天
Neotet (Dominion)	口服	30 天
Neo-Yey Plus (JAMP)	口服	30 天
Neotetramed (Medprodex)	口服	30 天
Neox (A. P. A.)	口服	30 天
Neutral Sulfa (P. V. L.)	口服	10 天
Newcells (Ayerst)	肌肉,静脉	0
NSE Boluses (Jaapharm)	口服	30 天
Nuflor® Pr (Schering-Plough)	肌肉 皮下	36 天 55 天
Nutriphos (Jim Lewis Agri-Nutrition)	口服	0
Once PMH® (Bayer)	肌肉	21 天
One Shot® (Pfizer)	肌肉,皮下	21 天
Onycin 62.5 (P. V. U.)	口服	5 天
Onycin 250 (P. V. U.)	口服	5 天
Onycin-1000 (P. V. U.)	口服	5 天
Optimizer® (Dispar)	见标签	0
Oxamin® Bolus (Bimeda-MTC)	口服	0
Oxamin® Powder (Bimeda-MTC)	口服	0
Oxy-110 (Medprodex)	口服	5 天
Oxy-220 (Medprodex)	口服	5 天
Oxy 250 (Medprodex)	口服	10 天
Oxy-440 (Medprodex)	口服	5 天

续表 4-13

产品(公司)	途径	w/时间
Oxy 1000 (Jaapharm)	口服	10 天
Oxy LA (Citadel)	肌肉	28 天
Oxy LP (Citadel)	肌肉,静脉	18 天
Oxymycine LA (Ayerst)	肌肉	21 天
Oxymycine LP (Ayerst)	肌肉,静脉	18 天
Oxysol-62.5 (A. P. A.)	口服	10 天
Oxysol-110 (A. P. A.)	口服	5 天
Oxysol-220 (A. P. A.)	口服	5 天
Oxysol-250 (A. P. A.)	口服	10 天
Oxysol-440 (A. P. A.)	口服	5 天
Oxy Tetra-A (Dominion)	口服	10 天
Oxytetracycline 50 premix (Bio Agri Mix)	口服	5 天
Oxytetracycline-100 (A. P. A.)	肌肉,静脉	18 天
Oxytetracycline-100 LP (A. P. A.)	肌肉,静脉	18 天
Oxytetracycline 100 Premix (Bio Agri Mix)	口服	5 天
Oxytetracycline 200 Premix (Bio Agri Mix)	口服	5 天
Oxy Tetra Forte (Dominion)	口服	10 天
Oxytocin Pr (P. V. U.)	肌肉,静脉,皮下	3 天
Oxytocin Pr (Vetoquinol)	肌肉,静脉,皮下	3 天
Oxytocin Injection Pr (Ayerst)	肌肉,静脉	3 天
Oxytocin Injection Pr (Bimeda-MTC)	肌肉,静脉	3 天
Oxytocin Injection Pr (P. V. L.)	肌肉,静脉,皮下	3 天
Oxyvet® 100 LP (P. V. U.)	肌肉,静脉	18 天
Oxyvet® 200 LA (P. V. U.)	肌肉	21 天
Panacur® Suspension 10% (Hoechst Roussel Vet)	口服	10 天
Pen-Aqueous (Ayerst)	肌肉	5 天

续表 4-13

产品(公司)	途径	w/时间
Pendure Neat Pr (Ayerst)	肌肉	14 天
Pen G Injection (Citadel)	肌肉	10 天
Penicillin G Procaine (P. V. U.)	肌肉	5 天
Penlong★ XL Pr (Pfizer)	肌肉	14 天
Penmed (Medprodex)	肌肉	5 天
Penpro (A. P. A.)	肌肉	5 天
Peptonic (P. V. U.)	口服	0
Pinkamin Ointment (Bimeda-MTC)	局部用药	0
Pinkaway Powder (Dominion)	局部用药	0
Pinkeye Spray (Citadel)	局部用药	0
PMSG-5000 (P. V. U.)	肌肉,静脉,皮下	7 天
PNEUMO-STAR™ (Biostar/Biowest)	皮下	21 天
Pododerm (Dominion)	局部用药	0
Polyflex★ (10 g) Pr (Ayerst)	肌肉	6 天
Polyflex★ (25 g) Pr (Ayerst)	肌肉	6 天
Poly-Tonine A Super® Booster# 1 (A. P. A.)	口服	5 天
Poly-Tonine A Super Booster No. 1 (P. V. U.)	口服	5 天
Posistac★ 6% Premix (Pfizer)	口服	0
Poten A. D. ★ (Pfizer)	肌肉	0
Powder 21 (P. V. L.)	口服	10 天
Predef® 2x Sterile Aqueous Suspension (Pharmacia & Upjohn)	肌肉	5 天
Prednisolone Acetate (Dominion)	肌肉	5 天
Prednisolone Acetate (P. V. L.)	肌肉	5 天
Prednisolone Injection (Vetoquinol)	关节注射,肌肉	5 天
PregGuard™ 9 (Pfizer)	肌肉	21 天

续表 4-13

产品(公司)	途径	w/时间
Presponse®(Ayerst)	肌肉	21 天
Presponse® SQ (Ayerst)	肌肉,皮下	21 天
Procaine Penicillin G (Dominion)	肌肉	5 天
Progesterone Pr (P. V. U.)	肌肉	0
Progen 10,000 Pr (P. V. U.)	肌肉	0
Promo-155 (Dominion)	肌肉,静脉	0
Propen LA (A. P. A.)	皮下 肌肉	14 天 21 天
ProSystem® 3 (Intervet)	肌肉,皮下	21 天
Protector® Fly Tags (Novartis)	见标签	0
Protokal™ Powder (Bayer)	口服	0
Pyrahist-10 (Rafter 8)	肌肉,皮下	3 天
Pyramid™ 4+ Presponse® SQ (Ayerst)	肌肉,皮下	21 天
Pyramid™ MLV 3 (Ayerst)	肌肉,皮下	21 天
Pyramid™ MLV 4 (Ayerst)	肌肉,皮下	21 天
Race-Vite (Dominion)	肌肉,静脉	0
Ralgro®(Schering-Plough)	移植	0
注意:不要将此产品用于小牛。只可将此产品移植在耳部。不要将有移植物的动物耳部用于人类或动物食品		
Ralgro® FE72(Schering-Plough)	移植	0
注意:不要将此产品用于小牛。只可将此产品移植在耳部。不要将有移植物的动物耳部用于人类或动物食品		
Ralgro* Magnum* (Schering-Plough)	移植	0
注意:不要将此产品用于小牛。只可将此产品移植在耳部。不要将有移植物的动物耳部用于人类或动物食品		
Reliant ™ 4(Merial)	肌肉	21 天
Respishield ™ 4(Merial)	肌肉,皮下	21 天

续表 4-13

产品(公司)	途径	w/时间
Respishield ™ 4L5(Merial)	肌肉,皮下	21 天
Resvac ™ 2/Somubac (Pfizer)	肌肉	21 天
Resvac ™ 3/Somubac (Pfizer)	肌肉	21 天
Resvac ™ 4/Somubac (Pfizer)	肌肉	21 天
Revalor®-H(Hoechst Roussel Vet)	移植	0
注意:只可将此产品移植于耳部。不要将有移植物的动物耳部用于人类或动物食品。不可将产品用于饲养动物		
Revalor®-S(Hoechst Roussel Vet)	移植	0
注意:只可将此产品移植于耳部。不要将有移植物的动物耳部用于人类或动物食品。不可将产品用干饲养动物		
Ringvac® (Vetoquinol)	肌肉	21 天
Ripercol® Pour-On (Aerst)	局部	10 天
Rompun® 20 mg/mL 可注射(Bayer)	肌肉	3 天
Rumensin® (Elanco)	饲料中	0
Rumensin® CRC(Provel)	口服	0
Rumex® Bolus(Bimeda-MTC)	口服	0
Ruminant Booster(Citadel)	口服	0
Safe-Guard® Premix 20% (Hoechst Roussel Vet)	口服	13 天
Safe-Guard® Suspension 10% (Hoechst Roussel Vet)	口服	10 天
Scour Bolus Plus(A. P. A.)	口服	30 天
ScourGuard 3(K) ® (Pfizer)	肌肉	21 天
ScourGuard3(K) ® /C (Pfizer)	肌肉	21 天
Scour Solution(A. P. A.)	口服	30 天
Scour Suspension(Dominion)	口服	30 天
Scour Suspension(P. V. L.)	口服	10 天

续表 4-13

产品(公司)	途径	w/时间
Scour Treat(Citadel)	口服	30 天
Selenirm-E(Dispar)	肌肉	35 天
Selepherol® (Bimeda-MTC)	肌肉	35 天
Selon-E Injectable(Vetoquinol)	肌肉	35 天
Sentry™ 4(Boehinger)	肌肉	21 天
Sentry™ 4/Somnugen(Boehinger)	肌肉	21 天
Sentry™ 9(Boehinger)	肌肉	21 天
Sentry™ 9/Somnugen(Boehinger)	肌肉	21 天
Sevin® (Dominion)	局部	7 天
S-M-T(P. V. U.)	口服	10 天
Sodide(Rafter 8)	静脉	0
Sodium Iodide 20%(Ayerst)	静脉	0
SodiumIodide20%(Bimeda-MTC)	静脉	0
Sodium Iodide 20% Injection(Univet)	静脉	0
Sodium Iodide Solution 20%(P. V. L.)	静脉	0
Sodium Iodine 20%(Central Sales)	静脉	0
Sodium Sulfamethazine 25%(Citadel)	口服	12 天
Sodium Sulfamethazine Solution 12.5% (Dominion)	口服	10 天
Sodium Sulfamethazine Solution 25% (Dominion)	口服	10 天
Somnugen™ (Boehringer)	肌肉	21 天
SOMNU-STAR™ (Biostar/Biowest)	皮下	21 天
SOMNU-STAR Ph™ (Biostar/Biowest)	皮下	21 天
Somubac™ (Pfizer)	肌肉 皮下	21 天
Spotton ® (Bayer)	局部	45 天
StayBred ™ VL5(Pfizer)	肌肉	21 天

续表 4-13

产品(公司)	途径	w/时间
Stimuline(Distrivet)	皮下	0
Stockpest Concentrate (Dispar)	局部	30 天
Streptocilline-SP(JAMP)	口服	5 天
Sulectim* 100 (Equivet)	口服	10 天
Sulectim* Plus (Equivet)	口服	30 天
Sulfa 2 Soluble Powder (Dominion)	口服	10 天
Sulfa 25% (Bimeda-MTC)	口服	12 天
Sulfa 25 (Jaapharm)	口服	10 天
Sulfa "25" (P. V. L.)	口服	10 天
Sulfalean® Powder (Bimeda-MTC)	口服	10 天
Sulfamethazine Bolus (Dominion)	口服	10 天
Sulfamethazine Bolus (P. V. L.)	口服	10 天
Sulfa -MT (A. P. A.)	口服	10 天
Sulfa MT Powder (Jaapharm)	口服	10 天
Sulfa -Plus(P. V. U.)	口服	10 天
SulfaSure ™ SR (Boehringer)	口服	8 天
Sulfavite (Dominion)	口服	10 天
Sulfa Urea Cream (Dominion)	局部	0
Sulfa Urea Cream (P. V. L.)	局部	0
Sulmed Plus (Medprodex)	口服	10 天
Super Scour CalfBolus (Dominion)	口服	30 天
Sustain Ⅲ® (P. V. U.)	口服	12 天
Synanthic® Suspension 9.06% (Ayerst)	口服	7 天
Synanthic® Suspension 22.5% (Ayerst)	胃内用药	7 天
Synergistin * Pr (Pfizer)	肌肉	14 天

续表 4-13

产品(公司)	途径	w/时间
Synovex®-C(Ayerst) 注意:仅能在耳部移植。不可将有移植物的动物耳部用于人类或动物食品生产	移植	0
Synovex®-H (Ayerst) 注意:同上	移植	0
Synovex® Plus ™ (Ayerst) 注意:同上	移植	0
Synovex®-S (Ayerst) 注意:同上	移植	0
T 500 (Jaapharm)	肌肉	0
Tasvax® 7 (Schering -Plough)	肌肉,皮下	21 天
Tasvax® 8 (Schering -Plough)	肌肉,皮下	21 天
Teracycline-62.5 Soluble Powder (JAMP)	口服	5 天
Teracycline-250 Concentrate Soluble Powder (JAMP)	口服	5 天
Terramycin *-50 Premix (Pfizer)	口服	5 天
Terramycin *-100 Premix (Pfizer)	口服	5 天
Terramycin *-200Premix (Pfizer)	口服	5 天
Tetanus Antitoxin (Ayerst)	腹腔,静脉,皮下	21 天
Tetanus Antitoxin (Colorado Serum)	肌肉,皮下	21 天
Tetanus Toxoid(Colorado Serum)	肌肉,皮下	21 天
Tetra 55(Jaapharm)	口服	5 天
Tetra 250(Jaapharm)	口服	5 天
Tetra 1000(Jaapharm)	口服	5 天
Tetra 4000(Jaapharm) 注意:小牛在使用该药物后 5 天内不可屠宰 成年牛在使用该药物后 18 天之内不可屠宰	口服 子宫给药	5 18 天

续表 4-13

产品(公司)	途径	w/时间
Tetrabol(P. V. U.) 注意:小牛在使用该药物后 5 天内不可屠宰。 成年牛在使用该药物后 18 天之内不可屠宰。	口服 子宫给药	5 天 18 天
Tetracycline 250(A. P. A.)	口服	5 天
Tetracycline 250(Citadel)	口服	5 天
Tetracycline 500(A. P. A.)	口服	5 天
Tetracycline 1000(A. P. A.)	口服	5 天
Tetracycline Hydrochloride(Dominion)	口服	5 天
Tetracycline Hydrochloride(P. V. L.)	口服	5 天
Tetraject^{R} LA(Bimeda-MTC)	肌肉	28 天
Tetraject^{R} LP(Bimeda-MTC)	肌肉,静脉	18 天
Tetramed 250(Medprodex)	口服	5 天
Tetramed 1000(Medprodex)	口服	5 天
Thiamine HCL(Ayerst)	肌肉,皮下	0
Thiamine HCL Injection(Vetoquinol)	肌肉	0
Thiamine Hydrochloride Injectable(Dominion)	肌肉,静脉	0
Thiamine Hydrochloride Injection(P. V. L.)	肌肉,静脉	0
Thiamine Hinjection(Rafter 8)	肌肉,静脉,皮下	0
Tiguvon^{R} Pour-On Cattle Insecticice(Bayer) 注意:如果该药物的第二次使用是为了控制牛虱,在其后的 45 天之内,不可对牛群进行屠宰	局部	35
Topasole Pour-On (Bayer)	局部	10 天
Tramisol® Cattle and Swine Wormer Pellets (Ayerst)	口服	10 天
Tramisol® Cattle Dewormer Oblets® (Ayerst)	口服	10 天
Tramisol® Injectable (Ayerst)	皮下	7 天
Tramisol® Pour-On (Ayerst)	局部	10 天

续表 4-13

产品(公司)	途径	w/时间
Tramisol® Soluble Powder (Ayerst)	口服	10 天
Triangle * 1(Ayerst)	肌肉	21 天
Triangle * 3(Ayerst)	肌肉,皮下	21 天
Triangle * 4(Ayerst)	肌肉,皮下	21 天
Triangle * 4+HS(Ayerst)	肌肉	21 天
Triangle * 8(Ayerst)	肌肉,皮下	21 天
Triangle * 9(Ayerst)	肌肉,皮下	21 天
Tribrissen ™ Boluses Pr (Schering-Plough)	口服	10 天
Trimidox Pr (P. V. U.)	肌肉,静脉	10 天
Triple Sulfa Bolus (Dominion)	口服	10 天
Triple Sulfa Bolus (P. V. L.)	口服	10 天
Trivetrin ™ Ijection Pr (Schering-Plough)	肌肉,静脉	10 天
TSV-2 ™ (Pfizer)	I. N.	21 天
Tylan® 10 (Elanco)	口服	0
Tylan® 40 (Elanco)	口服	0
Tylan® 200(Elanco)	肌肉	21 天
Tylocine® 200(Provel)	肌肉	21 天
Tylosin 10 Premix (Bio Agri Mix)	血液	0
Tylosin 40 Premix (Bio Agri Mix)	血液	0
Tympanex Suspension (Bimeda-MTC)	口服	0
Ultrabac ™ 7(Pfizer)	皮下	21 天
Ultrabac ™ 7/Somubac 聚(Pfizer)	皮下	21 天
Ultrabac™ 8(Pfizer)	皮下	21 天
Ultrapen LA(P. V. U.)	皮下	14 天
	肌肉	21 天
Ultra-test Suspension(Univet)	口服	21 天

续表 4-13

产品(公司)	途径	w/时间
Uni-Dex(Univet) 注意:不要用于食品生产	肌肉,静脉	0
Uni-Test Suspension(Univet)	口服	0
Valbazen* (Pfizer)	口服	27 天
Veta-K1(P. V. L.)	肌肉,静脉,皮下	0
Vetolice(Didpar)	局部	0
Reto-Test(Vetoquinol)	肌肉	0
Vetre-Sel-E(Vetrepharm)	口服	0
Vibiomed Booster(Medprodex)	口服	5 天
Vibrin™(Prifer)	皮下	60 天
Vibrobos-L(Vetrepharm)	肌肉,皮下	21 天
Vibrilbos-One(Vetrepharm)	肌肉	60 天
Virabos ™ -3(Vetrepharm)	肌肉	60 天
Virabos ™ -4(Vetrepharm)	肌肉	60 天
Virabos™-4+H. somnus-(Vetrepharm)	肌肉	60 天
Vision™7 Somnus with Spurr(Bayer)	皮下	21 天
Vision™7 with Spur^r(Bayer)	肌肉,皮下	21 天
Vision™8 with Spur^r(Bayer)	肌肉,皮下	21 天
Vitamaster(P. V. U.)	肌肉,静脉	0
Vitamin A & D (Dominion)	肌肉	0
Vitamin A & D(P. V. L.)	肌肉	0
Vitamin A D-500(Bimeda-MTC)	肌肉	0
Vitamin A D-500 Injection(Citadel)	肌肉	0
Vitamin B_{12} 1 000(Bimeda-MTC)	肌肉 皮下	0
Vitamin B_{12} 5 000 (Bimeda -MTC)	肌肉,静脉	0
Vitamin K_1 Injection (P. V. U.)	肌肉,静脉,皮下	0
Volar® (Bayer)	肌肉,皮下	21 天
Wound and Pinkeye Spray (Bimeda -MTC)	局部	0

第五章　肉牛屠宰场 HACCP 通用模式

危害分析和关键控制点(HACCP)体系是对加工过程进行控制的科学方法，其目的是通过在食品加工体系中任何可能发生问题的地方使用关键控制点来防止问题的发生。其中的危害包括食品的生物、化学和物理方面的污染。

食品安全检验局(FSIS)于 1996 年 7 月公布了最终的规则，规定 HACCP 是所有畜肉和禽肉加工厂必须贯彻执行的质量控制系统。不同的工厂建立自己针对性的 HACCP 计划时，FSIS 针对每一个加工工序建立了一种通用模式，这种模式作为各工厂的 HACCP 计划的一部分，通过监督其建立过程，使得这些通用模式的基本规定在自愿的基础上得以实施。

自从作为草案出版和流通以来，已经对这些通用模式修订过。在修订的版本中最重要的变化是肯定这些模式完全与最终标准的特征相一致，还有其他技术和编辑水平上的改进。

通用模式应与 HACCP 规则中的加工类型的列表一同使用。

加工类型包括如下：

1. 屠宰——所有畜种；
2. 未经加工的产品——肉末状；
3. 未经加工的产品——非肉末状；
4. 经热处理——商业无菌产品；
5. 未经热处理——耐储藏产品；
6. 经热处理——耐储藏产品；
7. 蒸煮——不耐储藏产品；
8. 经热处理未煮熟——不耐储藏产品；
9. 含有次生抑制剂的产品——不耐储藏产品。

这个通用模式是为第一类加工类型——屠宰而设计的。

一、通用模式的运用

这个通用模式是针对第一类加工类型即屠宰加工企业设计的。这个模式适用于所有的屠宰企业，但在牛屠宰企业最为有效。这个模式不适用于其他任何加工种类的产品。

这个通用模式包括大量的用来记录各种类型的信息的表格。这些表格本身就是事例样板,一个企业的 HACCP 小组可以设计任何他们觉得最有用的表格。在这个文献中提到的所有表格都列在附录 A 中,是按它们在文章中出现的次序排列的。

所有 FSIS 的通用模式设计的目的都是为了帮助企业把这 7 个 HACCP 原理运用到他们的肉和禽类加工操作中。用在这个 FSIS 及所有其他 FSIS 通用模式中的定义和说明如下。

定义和说明

纠偏措施:当偏差发生时可遵行的操作规程。

关键控制点:食品加工中可以控制的任何点、步骤或流程,而且执行的结果是可以防止、去除某种食品安全危害,或将其降低到可以接受的水平。

临界值:将关键控制点处的物理危害、生物学危害或化学危害控制在最大或最小值,以使食品安全危害得以防止、去除或降低到可以接受的水平。

食品安全危害:任何引起食品不安全的生物的、化学的或物理的性质。

HACCP 体系:正在运作的 HACCP 计划,包括 HACCP 计划本身。

危害:参见食品安全危害。

预防措施:用来控制已确定的食品安全危害的物理的、化学的或其他措施。

过程监控仪器:在加工过程中的关键控制点上用来指示加工条件的仪器或设备。

担任要职的企业官员:在现场有全面权利的个人或企业的高级职员。

二、加工流程图和产品描述

在开始使用这个模式前,企业的 HACCP 小组应首先描述包含在这个 HACCP 计划中,并且是这个(些)加工种类中一部分的产品。这个(些)产品应通过两种方法来描述:

1. 通过简单图表表明企业在生产这种产品时所用的步骤;
2. 通过简短的书面描述提供关于产品及其作用的关键因素。

在此通用模式里,有一个肉牛屠宰企业的实例,在此通用模式中 FSIS 设计了一种特定的表格作为这一实例的一部分,当然并没有要求企业 HACCP 小组一定使用这些形式。

图 5-1 是某样板企业的肉牛屠宰企业的加工流程图的实例,表 5-1 是某样板企业的屠宰牛的产品描述的实例。

一旦企业的 HACCP 小组已经制定好了加工流程图,他们应从头至尾检查企业生产这种产品遵循的流程并确定加工的所有过程是否都包含在流程图中，由此来检验这个流程图。小组也应检查产品描述提供的信息以确保所有关键的因素都包含在内，例如目标消费群，尤其是那些有特殊健康问题或已知处于危险中的消费者。

如果你们正在做屠宰牛加工并且你们的加工中存在没有包含在这个实例中的步骤，例如取肠之前的喷水，就应该加上。而且，如果你们的加工没有包括这个实例描述的所有步骤，这些步骤在进行危害分析时应忽略。一般来说，怎样使用这些通用模式的实例呢？——只是忽略那些实例中没有运用到你的操作当中的特征，对于实例中没有包含而你的操作中包含的内容要加入进去。

用流程图来进行系统的复查加工中的每一步并且提出问题："有很可能要发生的食品安全危害会引入到这一步操作中吗"，在回答问题时，你们的 HACCP 小组需要考虑生物的(包括微生物的)、化学的、物理的危害。利用完成的加工流程图和产品描述，进行下面的危害分析。

三、危害分析

一旦你的产品在流程图或产品描述中被准确地描述，HACCP 小组应开始进行危害分析。危害分析是形成一个好的 HACCP 计划和规定性要求的基础。

1. 每一个正规企业要执行或已经执行过危害分析

危害分析用来确定在加工过程中很可能将要发生的食品安全危害，并确定企业可以用来控制这些危害的防止措施。危害分析要包括发生在进入企业之前的、过程中的及进入之后的可能发生的食品安全危害。一个很可能将要发生的食品安全危害对一个明智的企业来说是应当进行控制的，因为危害曾经发生过或是因为它发生的可能性很大，如果缺少控制，危害将会在特定的产品的加工过程中发生。

2. 应准备好加工过程中每个步骤的和企业的产品物流图，并确定成品的目标用途或消费人群。

用来作为我们的实例的某样板企业，在一个 6 栏的危害分析表(见表 5-2)中收集了规定性要求。利用这样的表格的最好途径是通过加工流程图产生第一栏的内容并通过回答问题完成第二栏的内容。一旦 HACCP 小组已经考虑到了流程图中的所有步骤并且确定会引起食品安全危害，就需要考虑这个危害是否是"很有可能会发生"。在某样板企业所用的 6 栏的表格中，第三和第四栏中的内容与这个问题相关。如果这个企业的 HACCP 小组已确定这个危害不是很可能将要发生的，他们就在第三栏中填写"不"，在第四栏中解释他们的依据，并且不需要再对加工中的这一点进行更进一步的考虑。

然而如果小组确定了在加工中的某个特定点引入了一个“很可能发生的食品安全危害”,第五栏就用来填写可以将第三栏中已确定的食品安全危害防止、去除或降低到可接受的水平的措施。

请看 6 栏表格的第一页的条目“receiving-live cattle”(接收活牛);HACCP 小组已确认接收的动物体上很可能带有病菌,但在第三栏上填“不”。第四栏解释了小组的判定的依据。HACCP 小组要确信在加工过程中控制到位,并确保生产工人遵循清洁无污染的衣着程序。

你会发现我们对牛屠宰企业的一般危害分析中,有 5 个食品安全危害,在其中,HACCP 小组已确认了加工食品安全危害极有可能将要发生的一个点。他们已经确定了每个危害的控制措施。

当你们的 HACCP 小组已经完成了他们的危害分析(不管他们是否用这个格式),最好的办法是复查流程图、产品描述和危害分析本身以确保它们是完善的。

如果你正在使用这个通用模式屠宰不同种类的家畜或者如果你使用不同的加工流程,可能存在其他的食品安全危害。针对这些不同的危害,需要有不同的控制措施。

在开展 HACCP 体系过程中,完成危害分析是一个重要的而且有特殊意义的事情,当 HACCP 小组的工作进行到这个程度的时候,他们可以感到真正意义上的成就,这就像完成了一座房子的地基一样。

四、制定 HACCP 计划

现在,企业的 HACCP 小组可以使危害分析时利用的材料继续完善,并且利用这些材料建立 HACCP 计划。

(一)HACCP 计划最低限度应包括以下内容

1. 根据已确定的食品安全危害,并且保证在每个加工中应将其控制。

2. 列出针对每一个确定的食品安全危害的关键控制点,适当的包括:

(1)设计可以被引入到企业中用来控制食品安全危害的关键控制点;

(2)设计用来控制从企业外部引入的食品安全危害的关键控制点,包括发生在进入企业之前、其间以及之后的食品安全危害。

3. 列出在每个关键控制点必须达到的临界值,临界值最低限度应达到由 FSIS 建立的适用的目标或运作标准,并且满足在这一章提出的适合于具体的工艺或产品的任何其他要求。

4. 列出将要执行的程序以及执行这些程序的频率,用这些程序来监控每个关键控制点以确保它们在临界值之内。

5.包括危害分析提出的以及在关键控制点偏离临界值时应该执行的纠偏措施。

6.提供一个记录保持系统以记录关键控制点的监控，记录应包括监控过程中得到的真实的数值和观察资料。

7.列出确认查证程序和这些程序将被执行的频率。

(二)HACCP 计划的签批

1. HACCP 计划应由企业的负责人签署姓名和日期，一旦签字就表明企业接受并将实施 HACCP 计划。

HACCP 计划在下列情况需要注明日期和签字：

(1)在初次接受的时候；

(2)在作出任何修改时；

(3)在重新审核时，至少一年一次。

某样板企业已经在 6 栏表格的基础上为肉牛屠宰准备好了它们的 HACCP 计划(见表 5-3)。尽管某种表格中的有些部分可能是建立 HACCP 计划的最简单的方式，但是并不必使用这个表格。

五、确定关键控制点

这个特殊表格中的第一栏是用来填写在危害分析表中得出和包含的信息的。危害分析中确定的食品安全危害应列在 HACCP 计划中，并且要求有对每一个确定的危害都有一个 CCP。你会注意到在危害分析表中确定了五个点，在这五个点处可能会发生食品安全危害。它们包括：隐藏在皮肤中的致病菌污染，取内脏及最后清洗时来自胃肠道的病原菌污染，在冷却及最终产品冷藏时的病原菌增殖。

企业的 HACCP 小组已经确认三个 CCPs 来解决这五个危害问题，它们是：最后清洗(含抗菌的措施)、产品的正确冷却、以及最终产品在储藏中的温度的正确维持。

在确定了 CCPs 之后，HACCP 小组继续考虑临界值、监控程序及其频率、复检程序及其频率、HACCP 记录等。

在确定临界值时，HACCP 小组首先考虑是否有必须满足和起到临界值作用的规定性要求。他们发现对于冷却胴体或各种肉类没有规定的要求，但他们认识到如果不遵循正确的冷却程序，病原菌就可能繁殖。HACCP 小组知道任何肉类从胴体上分割下来后应尽快进行冷却，因此他们对各种冷却肉类临界值设置在肉从胴体上分割下来 1 小时之内开始。他们对冷却胴体的临界值设置在放血之后 1 小时之内开始。

他们一旦确定了临界值，需要确认对临界值的监控程序以及监控频率。

对于 (各种肉类的)冷却步骤，企业让质量评估员(QA)技术人员注意各种肉类的处理程序以确保肉从胴体上分割下来 1 小时之内就开始冷却加工，在(胴体和各种肉类)冷却步骤中由记录表连续地监控冷却器的温度。

由 HACCP 小组确定的临界值，监控程序及其监控频率填写在 HACCP 计划的第二栏和第三栏中。

而后 HACCP 小组继续考虑合适的复检程序。对于进行中的复查程序的规定性要求是：

进行中的复检活动包括但不仅限于以下内容：

1. 过程监控检验仪器的校准；

2. 对于监控检验活动和纠偏措施的现场观察；

3. 对于关键控制点中产生和保持的记录进行的复审。

HACCP 小组决定他们是否能够通过检查每一班的各种肉冷却和胴体冷却的记录而查实各种肉及胴体的冷却情况。小组也要求值班监督人员检查每班的冷却肉和冷却胴体的温度记录表中记录的准确性。

每天，质量评估员(QA)要检查手持温度计的准确性，在冰水混合物中校准它们，使其精确度在 1℉之内。

HACCP 小组在他们的 HACCP 计划的第五栏中描述了复检程序及复检的频率。

某样板企业的 HACCP 小组知道他们 HACCP 计划需要提供一个记录保持维护系统，他们希望他们的记录容易创建并且易于理解。他们也希望记录能够满足规定的要求，所以他们要复审各项记录。

六、记录

(一)企业要保留下述本企业 HACCP 计划的记录

1. 危害分析的书面描述，包括所有的辅助性文件。

2. 书面的 HACCP 计划，包括关于关键控制点和临界值的选择和形成的判断文件，检验和复检程序的选择及其频率的支持文件。

关键控制点及其临界值检验的文件记录，如企业的 HACCP 计划所描述的关于正确的时间、温度和其他数据性标准的真实记录；检验过程中仪器的校准、纠偏措施，包括所有针对偏差而采取的对应措施、复检的程序及其结果、产品编码、产品名称和特性或屠宰产品的批量。这些记录中的每一项都要求包含记录时的日期。

(二)HACCP 计划中所保持记录的每一个条目都要在具体的事件发生时建立，包括日期和时间记录，并且需要负责该条目的企业雇员签名或草签

HACCP 小组决定这些记录要以一种简单的表格保留，其中有些表格是由

HACCP 小组自行设计的。

HACCP 小组决定因为 QA 原来就有一种表格，他们一直就用它来测量记录各种肉的冷却温度，他们可以修改这种表格。修改后的表格可提供足够的空间以满足在各种肉品处理工序中为检验和复检而设的必需的条目。

冷却胴体的温度记录表已经被采用，并且 HACCP 小组知道他们需要做一些人员培训以保证所有包括在记录表中的内容能够满足记录保持维护的要求。

质量评估系统已经有了一种温度计校准记录的表格，并且这种表格已经被修改以满足 HACCP 对记录的规定性要求。HACCP 小组决定质量评估员可以使用这种表格一天以上，因为由产品温度测量得到的数据很有限。如果在班上温度计掉下，或操作者对温度计的准确度表示怀疑，他可以即刻将温度计拿到质量评估实验室去做精确度检查。

在 HACCP 计划中，某样板企业已经列出将用于检验和复检记录的表格的名称。在第四栏中有另外一种表格，在此描述了企业的记录系统。这是纠偏措施记录，是对偏离关键控制点的临界值时而采取的纠偏措施的记录。在第六栏中是每个关键控制点的供参考的计划纠偏措施。

七、纠偏措施

书面的 HACCP 计划确认由于偏离临界值而采取的对应的纠偏措施，HACCP 小组将描述需要执行的纠偏措施，并指派人员承担起采取纠偏措施的责任，以保证：

1. 偏差的原因得到确认或否决；

2. 采取纠偏措施后，关键点将得到控制；

3. 采取措施防止偏离的再次发生；

4. 没有对健康有害或是偏离临界值的产品掺杂进入商业流通中。

HACCP 小组已经形成了当关键控制点偏离其临界值时采取的一种独特纠偏行动计划。每一个计划规定的纠偏措施将满足上述的四个要求。

针对第一个关键控制点的计划性纠偏措施：

1. 根据时间和温度的偏差要求，质量评估员（QA）对温度不达标的产品将拒绝接受或限制发送直至温度达到要求为止，按照标准操作程序（SOPs）来进行产品处置。

2. 质量评估员（QA）将确认导致偏差的原因防止其再度出现。

HACCP 小组也将针对每一个其他的关键控制点形成计划性纠偏措施，并将它们附加到 HACCP 计划中。当偏离临界值的情况发生时，企业的员工可根据纠偏措施计划，采用纠偏措施列表创建纠偏措施记录。关键控制点的纠偏措施的记录表格很容易得到，所以，当某一名进行监控检查的员工发现和记录偏离时，他就能够立即采用它。所有当天使用的纠偏措施记录都交给 HACCP 协调员。

还有一项企业必须满足的最后的记录查验/保存的要求。

在装运产品之前，企业必须复审该产品生产时的相关记录，包括根据此部分要求所进行编制的相关的文件资料，并确保其完整性，还包括对所有要求临界值达标的测定记录，以及是否适当地采取了纠偏措施，包括正确的产品处置措施。在实际条件允许的情况下，这种对记录的复审工作应该由一名复审人员来实行，并要注明日期和签字，此复审人员一定不能是该复审记录的记录人员，最好是经过训练的人员，或是有责任心的企业官员。

在某样板企业中，产品通常整天以小批量装运出去，这就意味着当产品还在库存中时就尽可能地完成装运前的全面复审检查，以便装运能快速地完成，产品能快速地进入销售渠道。

企业使用半天批量处理系统和半班清理制，当半天清理制实行时，质量评估员(QA)或 HACCP 协调员对检验与复检的结果进行复审。如果有偏离临界值的情况，他们将查阅复审纠偏措施记录，以确信所有的对应计划已实施好的措施。如果所有情况都是良好的，并且所有的记录都显示企业已经通过实施 HACCP 系统控制了该批产品的生产，HACCP 的协调员将在由 HACCP 小组为此目的而设计的发货前的复审表上签字。

注：规则并没有要求在装运前的复检中要运用一种独立的表格。另外，FSIS 已经说明，在工业上为了能够反映各种形式的商业惯例的要求而进行装运之前的复审，复审时可以采用各种很灵活的形式。然而，装运前的复检必须达到规定所要求的标准，这一点很重要，因为它反映了企业是否对在运行良好的 HACCP 下生产的产品具有完全的责任感。

HACCP 小组确信已准备好牛屠宰生产过程中的危害分析和 HACCP 计划必须满足的规则要求的文件，他们已经获得了 FSIS 的 5000.1 号的“关于加强实施企业针对 HACCP 体系所要求项目的规则性要求的指令”及供检查人员使用的“HACCP 基本检查项目序列表”的副本。HACCP 小组已经修订了检查表格以使其表述更加明确，并且现在已经有了一个他们自己使用的保证在计划实施和准备过程中不会遗漏任何内容的清单。当对自己应该做的充满信心时，他们将会把危害分析和 HACCP 计划呈递给企业主，由企业主决策这些计划的运用执行。

附件 5-1

肉牛饲养屠宰危害分析和 HACCP 计划示例

一、生产流程图

见图 5-1。

生产类型：屠宰

产品：肉牛

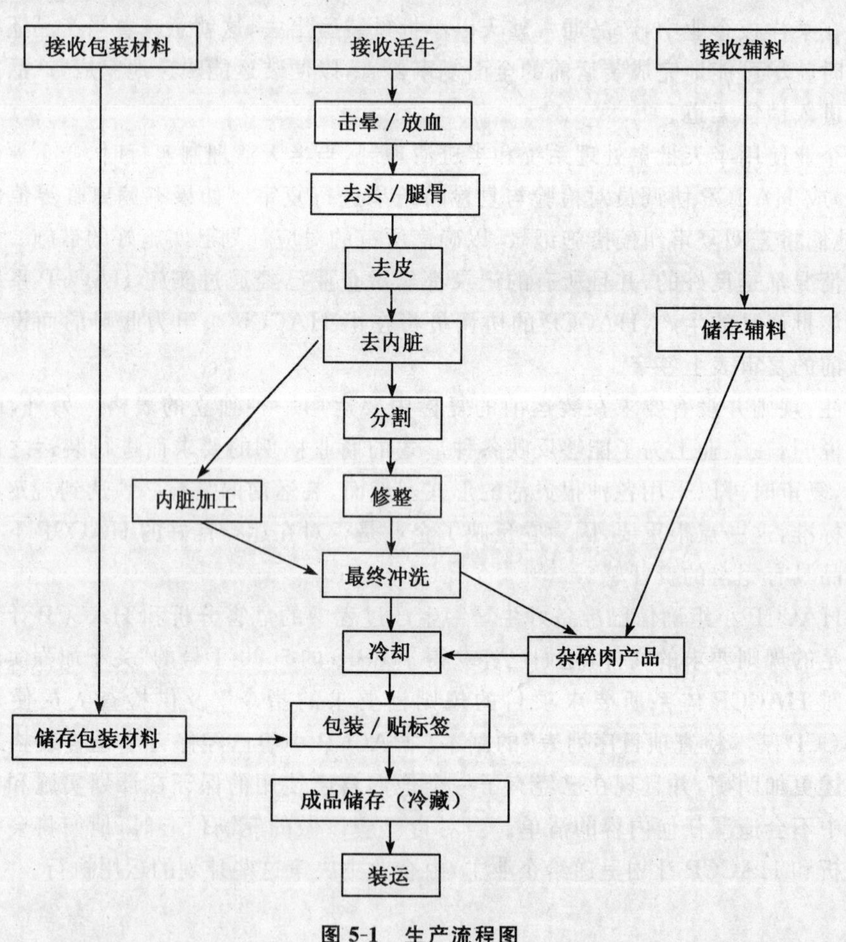

图 5-1　生产流程图

二、产 品 描 述

见表 5-1。

表 5-1　产品描述

生产类型:屠宰 产品:牛肉	
1.通用名称?	牛肉;牛杂碎肉
2.用途?	胴体;杂碎肉
3.包装类型?	胴体—无; 杂碎肉—每袋 50 磅
4.不同温度下的保存期?	0℉及以下 3~6 月 40℉7 天
5.销售地?消费者?潜在用途?	只批发给销售商
6.标签说明?	保持冷藏
7.流通时是否需要特别的控制?	保持冷藏

三、危害分析——牛肉屠宰

见表 5-2。

表 5-2　危害分析——牛肉屠宰

加工步骤	食品安全危害	是否可能发生	根据	如果第 3 列填“是”,采用何种措施来防止、消除危害或使危害降低到可接受水平	关键控制点
接收活牛 注:母牛(乳品和牛肉)和小牛上易带有残留物,所以工厂应对这些牲畜的化学残留物建立关键控制点	生物性——病原菌	否	表面清洁程序可防止污染		
	化学性——残留物	否	工厂/食品安全检查机构的记录表明残留物现在已不再是隐患		
	物理性——外来物,如断针	否	从养殖场购买牛时要有质量分析程序,以防止如断针类的外来物残留在牲畜体中		

续表 5-2

加工步骤	食品安全危害	是否可能发生	根据	如果第 3 列填"是",采用何种措施来防止、消除危害或使危害降低到可接受水平	关键控制点
接收辅料/包装材料	生物性——无				
	化学性——后续使用时无法接受	否	辅料和包装材料供应商的保证书		
	物理性——外来物	否	工厂记录表明在过去几年中未发生过外来物污染		
储存辅料/包装材料	生物性——无				
	化学性——无				
	物理性——无				
击晕/放血去头/腿骨	生物性——无				
	化学性——无				
	物理性——无				
去皮	生物性——病原菌(皮上的污染)	是	皮上的污染是已知的病原菌来源。可能会在此步骤发生污染	可通过最终的冲洗(含抗菌剂)来控制	
	化学性——无				
	物理性——无				
取出内脏	生物性——病原菌(污染来自胃肠道)	是	可能会在此步骤发生污染	可通过最终的冲洗(含抗菌剂)来控制	
	化学性——无				
	物理性——无				

续表 5-2

加工步骤	食品安全危害	是否可能发生	根据	如果第 3 列填“是”,采用何种措施来防止、消除危害或使危害降低到可接受水平	关键控制点
劈半	生物性——无				
	化学性——无				
	物理性——无				
修整分割	生物性——病原菌	否	此步骤用来除去可能在前面处理中引起污染的附带的污染物。标准操作程序可用来除去可见的污染物。		
	化学性——无				
	物理性——无				
内脏加工	生物性——病原菌(污染来自胃肠道)	否	胃肠道的污染是已知的病原菌来源。但工厂记录表明过去几年此污染已不是隐患		
	化学性——无				
	物理性——无				
最终冲洗(含抗菌剂)	生物性——病原菌(牛皮和/或胃肠道带来的污染)	是	减少病原菌的有效步骤	用含有适当浓度抗菌剂的水冲洗胴体	1B
	化学性——无				
	物理性——无				

续表 5-2

加工步骤	食品安全危害	是否可能发生	根据	如果第 3 列填"是",采用何种措施来防止、消除危害或使危害降低到可接受水平	关键控制点
杂碎肉	生物性——无				
	化学性——无				
	物理性——无				
冷却(所有产品)	生物性——病原菌	是	冷却处理不正确会导致病原菌生长	使用正确的冷却处理	2B
	化学性——无				
	物理性——无				
包装/贴标签	生物性——无				
	化学性——无				
	物理性——无				
成品储存(冷藏)	生物性——病原菌	是	如果温度没有被保证足以抑制病原菌生长的情况下,病原菌可能生长	保证产品温度在足以抑制病原菌生长的温度及其以下	3B
	化学性——无				
	物理性——无				
发货	生物性——无				
	化学性——无				
	物理性——无				

四、HACCP 计划表

见表 5-3。

表 5-3　HACCP 计划表

生产类型:屠宰
产品:肉牛

关键控制点及其所在步骤	关键点	监控措施和频率	HACCP 记录	核实措施和频率	纠偏措施
1B 最终冲洗（含抗菌剂）	胴体表面无可见污染物(无粪便)冲洗液的力度、用量、软管压力、喷嘴和肉表面之间的距离以及抗菌剂的浓度要调整到最大有效值	根据生产说明,质量保证员每 2 小时监控冲洗设备/抗菌剂来保证使用。质量保证员估计 100% 无可见粪便污染物	冲洗设备监控日志,抗菌剂的加入监控日志,冲洗设备校准日志,纠偏措施日志	每次换班,质量保证监督员要查阅所有日志。要保证质量监督人员在每次换班时核实冲洗和抗菌剂加入设备的精度(刻度)	当冲洗/抗菌剂加入超出临界值时,质量保证员要停止生产,并按标准操作程序处理产品。质量保证员要确定偏差原因并防止其再次发生
2B 冷却（所有产品）	所有胴体在放血完毕后 1 小时内冷却,所有杂碎肉在从胴体上分割后 1 小时内冷却。所有产品在 24 小时内达到 40 华氏度或其下。	质量保证技术人员要观察冷却处理的步骤以保证达到临界值的要求。胴体和杂碎肉的冷却器要被连续监控并在温度记录表上连续记录。质量保证技术人员要抽查在 24 小时内冷却至 40℉更低温度的 10 个胴体样本和每种分割肉制品中的 5 个样本	胴体冷却日志。杂碎肉冷却日志。胴体冷却器温度记录表。杂碎肉冷却器温度记录表。温度校正日志。纠偏措施日志	每次换班时,质量保证监督员要查阅胴体冷却和杂碎肉冷却日志。要保证质量监督人员在每次换班时核实胴体冷却器精度和杂碎肉冷却温度记录表。质量保证人员每天都要检查用于监控和核实的温度计并根据需要校准精度在 1℉内	质量保证人员会根据温度和时间的偏差并按照标准操作程序对处理产品的要求,拒绝或控制未达到温度要求的产品。质量保证人员要确定偏差原因并防止其再次发生

续表 5-3

生产类型:屠宰 产品:肉牛					
关键控制点及其所在步骤	关键点	监控措施和频率	HACCP 记录	核实措施和频率	纠偏措施
3B 成品储存(冷藏)	成品储存的环境温度不要超过 38 华氏度	保证工作人员每 2 小时检查一次成品储存环境的温度	室内温度日志 温度计校准日志 纠偏措施日志	每次换班时,质量保证监督员要核实室内温度日志的准确性。 质量保证人员每天都要检查用于监控和核实的温度计并根据需要校准精度在 1℉ 内。 每次换班,质量保证监督员要亲自监视维护人员检查成品储存区域	如果出现临界值的偏差,要采取以下纠偏措施: 1. 确定温度超过 38 华氏度的原因并将其消除。 2. 在采取纠偏措施后,每小时对关键控制点要监控一次以保证其已被控制。 3. 偏差原因确定后,要采取防止其再次发生的措施,如果是由设备原因引起,根据需要,要重新检查并修改预防计划。 如果产生了某种临界值的偏差,采用以下纠偏措施: 4. 如果室温超过临界值,生产专家要估计产品温度以确保产品在获准运输前足以防止病菌生长;如果温度不足以控制病菌的生长,产品要在工厂内蒸煮以保证病菌被杀灭或判定其为不合格产品

签名__________ 日期__________

五、温度计校准日志

见表 5-4。

表 5-4　温度计校准日志

温度计在半溶的冰水中校准到 32 华氏度							
日期	时间	部门或区域	温度计编号	温度计读数	是否需要调整	草签姓名缩写	备注
6/15	下午 1:00	胴体冷却	2A	32℉	否	HK	

如果温度计损坏或被拿走，请在备注栏标明。

查阅人__________

日期__________

六、样板企业室温日志

见表 5-5。

图 5-5　样板企业室温日志

样板企业 X：________ 车间　室温日志________ 日期					
时间	温度	是否偏离关键点（如果是，需检查）	如果是，采取的行动	监控人员	核实人员

七、纠偏措施日志

见表 5-6。

表 5-6 纠偏措施日志

产品：					
关键控制点	出现的偏差/问题	产品的处理情况	纠偏措施程序/解释说明	负责人	时间

签名________ 日期________

八、运输前的复查日志

见表 5-7。

图 5-7 运输前的复查日志

时间：

批次编号	时间记录复查	负责人	此批次产品是否准予运输？签名

图书在版编目(CIP)数据

肉牛饲养屠宰 HACCP 质量控制规范/沙玉圣,辛盛鹏主编译.—北京:中国农业大学出版社,2007.1

ISBN 7-81117-134-1

Ⅰ.肉…　Ⅱ.①沙…②辛…　Ⅲ.①肉牛—饲养管理—质量管理体系②肉牛—屠宰加工—质量管理体系　Ⅳ.F307.3

中国版本图书馆 CIP 数据核字(2006)第 144351 号

书　　名　肉牛饲养屠宰 HACCP 质量控制规范

作　　者　沙玉圣　辛盛鹏　主编译

策划编辑　魏秀云　　**责任编辑**　魏秀云

封面设计　郑　川　　**责任校对**　陈　莹　王晓凤

出版发行　中国农业大学出版社

社　　址　北京市海淀区圆明园西路 2 号　　**邮政编码**　100094

电　　话　发行部 010-62731190,2620　　**读者服务部** 010-62732336

编辑部 010-62732617,2618　　**出　版　部** 010-62733440

网　　址　http://www.cau.edu.cn/caup　　**e-mail**　cbsszs@cau.edu.cn

经　　销　新华书店

印　　刷　涿州市星河印刷有限公司

版　　次　2007 年 1 月第 1 版　　2007 年 1 月第 1 次印刷

规　　格　787×980　　16 开本　　12.5 印张　　228 千字

印　　数　1～2 000

定　　价　40.00 元

图书在版编目(CIP)数据

[illegible]

[illegible]

[illegible]